Weihrauch

Regina Sauer

WEIHRAUCH

Hilfe bei Rheuma und entzündlichen Darmerkrankungen

FALKEN
Taschenbuch

Im FALKEN Verlag sind weitere Titel zum Thema „Alternative Heilmittel“ erschienen. Sie sind überall dort erhältlich, wo es Bücher gibt.

Sie finden uns im Internet: **www.falken.de**

Der Text dieses Buches entspricht den Regeln der neuen deutschen Rechtschreibung.

Dieses Buch wurde auf chlorfrei gebleichtem und säurefreiem Papier gedruckt.

Originalausgabe
ISBN 3 635 60517 4

Umschlaggestaltung: Zembsch' Werkstatt, München
Gestaltung: Lohse Design, Büttelborn
Redaktion: Walburga Rempe-Baldin, München / Elke Müller
Herstellung: Michael Feuerer, Bad Aibling / Petra Becker
Titelbild: Reinhard-Tierfoto, Heiligkreuzsteinach
Produktion: Buch-Werkstatt GmbH, Bad Aibling
Druck: Freiburger Graphische Betriebe GmbH, Freiburg

817 2635 4453 6271

Inhalt

Vorwort

Erfolgreiche Therapie mit Weihrauch bei Colitis ulcerosa, Morbus Crohn, chronischer Polyarthritis und Hirntumoren – so hieß es zuerst in der wissenschaftlichen Fachpresse, dann in Tageszeitungen und Illustrierten. Was hat es damit auf sich?

Dieses Buch fasst den Stand der Forschung zusammen und erklärt, wie Weihrauch wirkt und wo er helfen könnte.

Was unterscheidet den Weihrauch von anderen pflanzlichen Heilmitteln? Ist das wieder so ein Wundermittel, der neueste Geheimtipp aus den Trendlabors der Heilpflanzenforschung?

Weihrauch wird bis in die Fachliteratur hinein in einem Atemzug mit Cortison, Aspirin und anderen Entzündungshemmern genannt. Handelt es sich also um ein ganz gezielt wirkendes Medikament, das man bei Entzündungen einnehmen könnte? Vor allem bei chronischen Entzündungen, die für den Körper eine so schwere Belastung darstellen?

Patienten, die sich für eine Weihrauchtherapie entscheiden, leiden in der Regel unter einer komplizierten, chronischen Erkrankung. Diese Patienten haben Anspruch auf ein sicheres, geprüftes und unverfälschtes Produkt, auf gewissenhafte ärztliche Betreuung und ehrliche Information. Nur ein sorgsamer Umgang mit diesem Heilmittel und eine realistische Beurteilung seiner Möglichkeiten ersparen ihnen eine unnötige Enttäuschung.

Chronisch krank – was nun?

Was tun Sie, wenn Sie krank sind? Wahrscheinlich warten Sie zunächst, ob Sie von selbst wieder gesund werden. Wenn nicht, gehen Sie zum Hausarzt und lassen sich untersuchen. In der Regel kann er Ihnen sagen, worunter Sie leiden. Oder er überweist Sie zu einem Spezialisten. Hat er die Diagnose gestellt, verschreibt er Ihnen ein Medikament, das helfen soll.

Was tun Sie, wenn der Arzt Ihnen sagt, dass Ihre Beschwerden zwar nach Einnahme des verordneten Medikaments verschwinden, die Krankheit selbst aber bestehen bleibt? Oder wenn das Medikament, das Sie bekommen haben, die Symptome nur mit erheblichen Nebenwirkungen unterdrücken kann? Oder wenn durch das Medikament, das Sie einnehmen müssen, andere Krankheiten entstehen, die Sie vorher noch nicht hatten?

Sie wechseln vielleicht den Arzt. Sie sind verzweifelt. Sie glauben an gar nichts mehr, würden es aber gerne. Und möglicherweise sind Sie sehr, sehr ärgerlich, weil es auf dem riesigen Markt der verfügbaren Medikamente ausgerechnet für Sie nichts Besseres zu geben scheint.

Ihr Arzt hat Sie inzwischen sicher mit der Tatsache vertraut gemacht, dass es gerade bei Ihrer Krankheit noch nicht gelungen ist, die Ursache herauszufinden, geschweige denn ein wirksames Heilmittel zu entwickeln. Er wird Ihnen auch gesagt haben, dass Sie mit der Krankheit leben müssen und dass es völlig offen ist, wie sie sich bei Ihnen entwickeln wird. Ihre Krankheit ist zwar keine tödliche Gefahr, aber Sie sind traurig und unzufrieden.

Um nicht zu resignieren und tatenlos abzuwarten, suchen Sie nach Auswegen. Plötzlich interessieren Sie sich für Homöopathie, Ayurveda oder die Rituale indianischer Medizinmänner und sind bereit, Experimente zu wagen. Und vor allen Dingen wollen Sie mehr über Ihre Krankheit wissen.

Sie stellen Ihre Ernährung um, treiben Sport oder machen eine spezielle Gymnastik. Sie versuchen es mit Akupunktur, Gebeten, Hypnose, Meditation oder Lymphdrainage. Sie sind für alles offen und ergreifen jeden Strohhalm, der sich Ihnen bietet. Das jedoch ist gefährlich. Sie könnten einem Quacksalber in die Hände fallen, der Ihnen nur das Geld aus der Tasche zieht. Oder Sie könnten durch die falsche Therapie Ihren Zustand noch weiter verschlechtern und dadurch den letzten Rest Zuversicht verlieren.

Dieses Buch schärft Ihren kritischen Blick auf leere Versprechungen, ohne Ihnen den Schneid abzukaufen, wenn Sie etwas Neues ausprobieren möchten. Denn es ist nur allzu verständlich, wenn Sie mit einer chronischen, heute noch nicht heilbaren Krankheit bereit sind, alle Therapiemöglichkeiten auszuprobieren und dabei auch ganz neue Wege zu gehen.

Vor allem dann, wenn die Nebenwirkungen der Standardtherapien Ihnen das Leben schwer machen. Alle Patientinnen und Patienten, deren Leiden durch chronische Entzüngungsreaktionen bedingt sind, die dann mit schwerem Geschütz niedergekämpft werden, können davon ein Lied singen.

Das zentrale Problem bei den hier dargestellten Krankheiten ist die chronische Entzündung. Ob Morbus Crohn, Colitis ulcerosa, chronische Polyarthritis oder andere Erkrankungen des Immunsystems: Im Vordergrund der jeweiligen Therapie steht immer die Behandlung der chronischen Entzündung, die sonst schwere Schäden im Organismus anrichten würde. Darum sind wesentliche Abschnitte dieses Buches der Entstehung und der Therapie von Entzündungen gewidmet. Das dort Gesagte gilt für alle genannten Krankheiten.

Es gibt eine Reihe von pflanzlichen Heilmitteln, die bei den genannten Krankheiten als Alternative präsentiert werden – vor allem durch marktschreierische Werbung, oberflächliche Zeitungsberichte und über das Internet. Die meisten der so angepriesenen „Wundermittel" sind völlig wirkungslos.

Trifft das auch auf Weihrauch zu? Weihrauchpräparate versprechen bei chronischen Entzündungen eine rasche und vor allem nebenwirkungsarme Besserung. In diesem Buch wird eine sachliche Bewertung dieses Naturheilmittels versucht.

Dauerbrenner Weihrauch

Ein erster Überblick

Namhafte Wissenschaftler prophezeien der Therapie mit Weihrauch eine große Zukunft und einen festen Platz in der westlichen Medizin. Bisher wurde vor allem ein Extrakt aus dem Harz des indischen Weihrauchbaums Boswellia serrata untersucht. Aber auch der afrikanische Weihrauchbaum Boswellia carteri enthält hohe Konzentrationen des Wirkstoffs, von dem in diesem Buch die Rede sein wird.

Erste Versuche im Labor, an Tieren und an einigen Patienten, die sich als Testpersonen zur Verfügung gestellt haben, zeigen, warum dieser Wirkstoff von großem pharmakologischem und medizinischem Interesse ist:

Der Extrakt aus dem Harz des indischen und eines afrikanischen Weihrauchbaums enthält mindestens eine nachweislich entzündungshemmende Substanz, nämlich die Acetyl-11-keto-β-Boswelliasäure (AKBA).

Nach bisherigen Erfahrungen ist dieser Extrakt zuverlässig wirksam und nahezu nebenwirkungsfrei. Trotzdem sind Weihrauchpräparate in Deutschland als Arzneimittel nicht zugelassen. Was fehlt, sind klinische Großstudien an möglichst vielen Menschen zu standardisierten Bedingungen, also so genannte Doppelblindstudien (Seite 56). Nur sie belegen nach wissenschaftlichen Maßstäben die Verträglichkeit und Wirksamkeit von neuen Arzneistoffen.

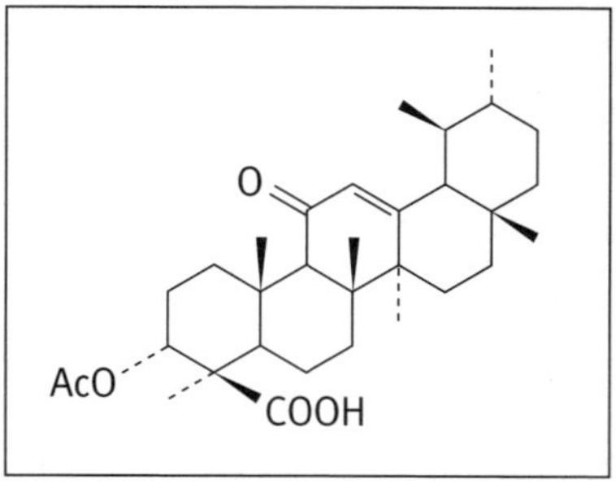

Boswelliasäure

Solange diese Studien nicht abgeschlossen sind, bewegen sich Ärzte und Patienten bei einer Weihrauchtherapie auf schulmedizinischem Niemandsland. Deshalb wird eine solche Therapie eher selten durchgeführt. Wenn Patienten sich dafür entscheiden, haben sie Schwierigkeiten, einen Arzt zu finden, der zu diesem Experiment bereit ist.

Auch wichtige pharmakologische Untersuchungen sind noch nicht abgeschlossen. Es besteht noch keine Sicherheit hinsichtlich der Qualität der Rohstoffe. Und niemand kann zum jetzigen Zeitpunkt sagen, welche Dosierung für welche Erkrankung die richtige ist.

Die Forschungsergebnisse, die in diesem Buch wiedergegeben werden, beziehen sich auf zwei Präparate:

- auf eine aus Indien mitgebrachte Probe eines Extrakts aus dem Harz des indischen Weihrauchbaums Boswellia serrata und
- auf H 15; das ist der Handelsname eines in Indien hergestellten Medikaments aus dem Harz des indischen Weihrauchbaums Boswellia serrata.

Es gibt jedoch noch zahlreiche andere Weihrauchmittel auf dem Markt. Momentan kann praktisch jeder, der ein schnelles Geschäft machen will, ein wenig Weihrauchharz zu Pulver mahlen, es in eine Gelatinekapsel packen, das Ganze als Nahrungsergänzungsmittel deklarieren und für viel Geld an Hilfe suchende Kranke verkaufen. Der Verbraucher kann bei diesen Nahrungsergänzungsmitteln, die nicht unter das Arzneimittelgesetz fallen, nicht genau wissen, ob auch wirklich das drin ist, was draufsteht.

- Wann sollten Sie als Patient trotz allem Ihren Arzt bitten, Ihnen auch ohne wissenschaftlichen Segen ein Weihrauchpräparat zu verordnen, und vor allem welches?
- Wie wirkt der bisher untersuchte Inhaltsstoff des Weihrauchharzes?
- Bei welchen Krankheiten erscheint die Einnahme eines Weihrauchpräparats viel versprechend?
- Bei welchen Krankheiten beruht die Wirkung noch größtenteils auf Spekulation?
- Muss neben einer Weihrauchtherapie die bisherige Therapie beibehalten werden, oder können Sie sie absetzen?
- Sollten Sie eine Weihrauchtherapie ohne ärztliche Begleitung beginnen?

Bevor all diese Fragen beantwortet werden: Lernen Sie den Weihrauchbaum etwas genauer kennen und verfolgen Sie die Geschichte der uralten Kulturpflanze durch die Jahrhunderte.

Alte Kamellen

Schon unsere Vorfahren, die Jäger und Sammler, haben über den möglichen Nutzen des Weihrauchs nachgedacht.

Auf ihren langen Wanderungen über Land schlugen sie eines Tages unter dem Dach eines Weihrauchbaums ihr Lager auf. Neugierig betrachteten sie seinen Stamm. Einer der Äste war abgebrochen und aus der frischen Holzwunde traten klebrige Harztränen.

So etwas Saftiges konnte man vielleicht gut gebrauchen, dachten sie sich. Womöglich war es sogar essbar. Einer der Jäger steckte als Erster ein kleines Stück in den Mund und kaute darauf herum. Schmeckte seltsam, aber nicht unangenehm. Nach einiger Zeit spuckte er den weich gekauten Harzklumpen wieder aus.

Sein Kumpan nahm das gut durchgespeichelte Objekt in die Hand und knetete es versonnen zwischen Daumen und Zeigefinger. Dann steckte er es auf einen Holzspan und hielt es ins Feuer. Das qualmte vielleicht, roch aber recht gut. Der Klumpen schmolz und tropfte auf ein Stück Feuerholz.

Als sie nach einigen Stunden weiterziehen wollten, suchte dieser Steinzeitjäger nach den Überresten der klebrigen Masse, mit der er am Feuer experimentiert hatte. Sie war zwischen zwei Holzstücke geflossen, die nun fest aneinander klebten. Das war gut, wirklich gut. Die Frauen zu Hause konnten damit vielleicht die Risse in den Tongefäßen abdichten. Was konnte es schaden, etwas von den duftenden Baumtränen mitzunehmen?

Die Verwendung von Weihrauchharz in der Steinzeit ist nur sehr spärlich belegt. Man weiß jedoch, dass Harzklumpen zum Kleben von Jagdwaffen, zur Reparatur schadhafter Tongefäße und als Grabbeigabe dienten. Wenn mit Harz etwas gekittet oder verklebt werden sollte, wurden einzelne Brocken gekaut, um sie durch Enzyme im Speichel weich und formbar zu bekommen. War die Masse aufgetragen, wurde sie vorsichtig erwärmt, trocknete wieder und härtete aus.

Der Weihrauchbaum

Der Weihrauchbaum gehört zur Familie der Balsambaumgewächse, der Burseraceae. Sie umfasst 600 Arten tropischer Holzpflanzen, darunter auch den Myrrhestrauch. Zu den bekanntesten Burseraceaen gehören die Boswellia-Arten.

Als Stammpflanzen der weit verzweigten Familie gelten heute Boswellia sacra, der arabische Weihrauchbaum, Boswellia carteri, der somalische Weihrauchbaum, und Boswellia serrata, der indische Weihrauchbaum, von dessen Harz dieses Buch handelt.

Der Baum wird nur wenige Meter hoch und gedeiht in den Trockengebieten Afrikas, Arabiens und Indiens. Er braucht kaum Erde und findet sich im Gebirge, in der Trockensavanne und in Wüstengebieten. Die Wurzeln wachsen breit und flach, so dass sie selbst geringste Niederschläge gut nutzen können. Feuchtwarmes Klima vertragen sie nicht.

Harz und Balsam

Aus den Exkretgängen, das sind kleine Öffnungen in der Rinde aller Balsamholzgewächse, tritt zunächst Balsam aus, der dann an der Luft zu Harz aushärtet. Ein Balsam ist ein pastöses Gemisch aus ätherischem Öl

DER NAMENSGEBER

Das Wort Boswellia geht wahrscheinlich auf den englischen Arzt Johann Boswell zurück. Aber auch der Schotte James Boswell wäre ein passender Namensgeber. Der Schriftsteller hegte eine tiefe Bewunderung für den englischen Gelehrten und Autor Samuel Johnson. In seiner berühmten Biographie „Denkwürdigkeiten aus Johnsons Leben" brachte Boswell dies zum Ausdruck. In Erinnerung daran bezeichnet das englische Verb „to boswellize" die völlige Ergebenheit, die der Bewunderer einem genialen Kopf manchmal entgegenbringt. Mit der deutschen Übersetzung „beweihräuchern" ist dagegen das übertriebene Lob, die Lobhudelei gemeint.

und Harz. Das Öl verdunstet zum großen Teil, zurück bleibt das Harz. Es ist gelb oder braun, klebrig und glasartig durchscheinend.

Erhitzt man dieses Harz, wird es weich und schmilzt zu einer klaren Flüssigkeit. Beim Trocknen erstarrt es zu Lack. Lack löst sich nicht in Wasser, fault nicht und ist gegen viele außere Einflüsse unempfindlich. Das Prinzip wurde und wird in der Farbchemie genutzt; heute kommen jedoch meist Kunstharze zum Einsatz.

Setzt man einem Harz erneut ätherisches Öl zu, löst es sich auf, und es entsteht wieder ein Balsam. Als „Balsam“ werden im täglichen Sprachgebrauch oft alle möglichen Heilsalben bezeichnet, auch wenn darin überhaupt kein Harz enthalten ist.

Die Weihrauchernte

Die Harzernte beginnt im Frühjahr. Dazu werden Stamm und dickere Äste mit speziellen Schabemessern verletzt. Die ersten austretenden Baumtränen gelten als minderwertig. Deshalb wird in einem zweiten Arbeitsgang die Rinde erneut verletzt. Jetzt erst tritt Harz in guter Qualität und ausreichender Menge aus.

In den folgenden Monaten wird die Prozedur noch mehrere Male wiederholt. Die Ernte erfolgt je nach Alter, Größe und Gesundheitszustand des Baumes in höchstens drei aufeinander folgenden Jahren. Danach braucht der Baum eine mehrjährige Ruhephase. Wird sie nicht eingehalten, verschlechtert sich die Harzqualität, da sich der Baum nicht erholen kann.

Das Weihrauchharz aus Afrika und Arabien wird Olibanum genannt, während Harz indischer Herkunft als Salai guggal bezeichnet wird.

Kult und Kur mit Weihrauch

Seit vielen Jahrtausenden hat Weihrauchharz große medizinische und kulturelle Bedeutung. Neben anderen Gewürzen und Pflanzen war der Weihrauch in allen eurasischen Hochkulturen ein wichtiges Handelsgut.

Der wahrscheinlich älteste Hinweis auf die medizinische Verwendung des Weihrauchs stammt aus dem Papyrus Ebers. Die nach einem deutschen Ägyptologen benannte Schriftrolle wurde rund 1600 vor Christus verfasst. Sie enthält etwa 900 Rezepturen, die aus über 500 pflanzlichen, mineralischen oder tierischen Inhaltsstoffen zusammengesetzt sind. Der Papyrus Ebers ist eine Abschrift noch viel älterer medizinischer Texte und überliefert Wissen, das mindestens bis ins dritte Jahrtausend vor Christus zurückgeht.

Die Ägypter verwendeten Weihrauch wegen seines guten Geruchs zum Räuchern der Luft, aber auch für Salben und Wundauflagen. Dass Weihrauch wirkte, wussten sie also, aber warum er wirkte, wussten sie nicht. Jede Heilung, jedes erfolgreiche Experiment war ein Wunder. Was immer durch seinen Geruch oder Geschmack auffiel, wurde gesammelt, ausprobiert und in seiner Wirkung beobachtet. Trat ein Heilerfolg ein, galt es fortan als „heil-ig“.

Unsere Vorfahren machten deshalb zwischen Medizin und Kult keinen Unterschied. Heilung und Zeremonie waren eins, Arzt und Priester verwandte Berufe, häufig von ein und derselben Person ausgeübt. Eine Verbindung zwischen Religion und Medizin besteht bis heute – nicht nur bei einigen Naturvölkern, sondern auch in modernen Zivilisationen, wo spirituell orientierte Heilmethoden erneut Zulauf finden.

Die Weihrauchstraße

Weihrauchharz war immer schon ein Objekt der Begierde. Inder, Mesopotamier und Ägypter handelten bereits vor 4000 Jahren damit. Die nach ihm benannte Weihrauchstraße selbst wurde allerdings erst vor etwa 3000 Jahren als Handelsweg etabliert.

Die ägyptischen Priester und Ärzte bekamen ihren Weihrauch aus Somalia und Äthiopien. Sie versuchten, das Gewächs im Niltal heimisch zu machen – allerdings ohne Erfolg.

Auch aus Indien wurde schon sehr früh Weihrauch nach Europa gebracht. Vor allem aber die Länder am Roten Meer verdankten dem Weihrauchbaum ihren sagenhaften Reichtum. Das Alte Testament enthält viele Hinweise auf Weihrauch und auf Karawanen, die aus dem Königreich Saba kamen und das kostbare Harz nach Israel brachten.

Die Sabäer lebten auf dem Gebiet des heutigen Jemen und beherrschten viele Jahrhunderte lang den einträglichen Weihrauchhandel. Legen-

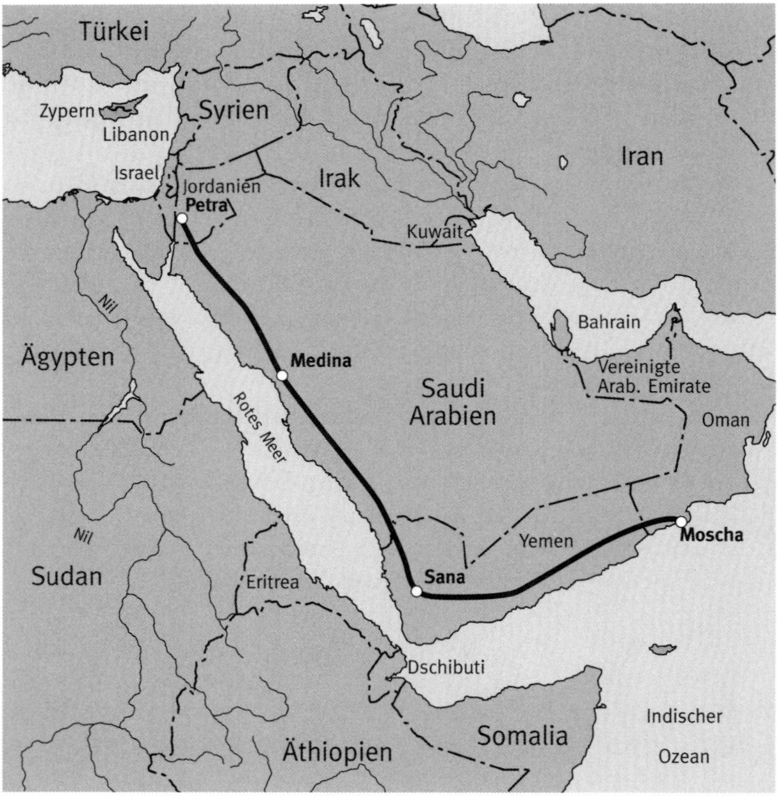

Die Weihrauchstraße

där geworden ist die Königin von Saba, die im zehnten Jahrhundert vor Christus im Arabia felix, dem glücklichen Arabien, gelebt haben soll. Durch ein Handelsabkommen mit dem israelischen König Salomon erlangte die Weihrauchstraße erstmals große wirtschaftliche Bedeutung.

Die Weihrauchstraße führte durch schwierigstes Gelände und verband auf einer Strecke von etwa 3500 Kilometern die Küsten von Indischem Ozean und Mittelmeer. Sie umrundete die arabische Halbinsel von Petra in Jordanien bis Moscha in Oman. Fast vier Monate dauerte die Reise, wobei täglich etwa 30 Kilometer zurückgelegt wurden. Der Aufschwung der Weihrauchstraße zu einem der wichtigsten Handelswege des Altertums war jedoch von geeigneten Transportmitteln abhängig.

Über das genaue Alter der Weihrauchstraße besteht unter den Historikern keine Einigkeit. Sicher ist nur eins: Ohne das Dromedar wäre diese 3500 Kilometer lange Handelsstraße, die überwiegend durch wasserlose Gebiete führte, nicht möglich gewesen. Aber wann genau die Zähmung des genügsamen Wüstentiers stattfand, ist umstritten. Die Angaben – alle aus seriösen Quellen – schwanken zwischen 2500 und 1300 vor Christi Geburt.

Der langsame Verfall der Weihrauchstraße begann mit dem Untergang Roms im vierten Jahrhundert nach Christus. Die Metropole gehörte in der Antike zu den Hauptabnehmern des Weihrauchs.

Auch der Seehandel gewann mehr und mehr an Bedeutung. Viele Häfen am Roten Meer waren schon in der Spätantike Ausgangspunkt großer Handelsrouten über den Indischen Ozean. Das kostbare Weihrauchharz wurde aus politischen und wirtschaftlichen Gründen schließlich immer öfter zu Wasser transportiert, während der schwierige Weg durch die Wüste langsam in Vergessenheit geriet.

Weihrauch in Europa

Die Griechen und später die Römer übernahmen das medizinische Wissen Ägyptens, Mesopotamiens und Indiens. Daher gehörte der Weihrauch auch zu ihrem Heilmittelschatz. Vor allem aber schätzten sie ihn als Duftstoff und Luftverbesserer. So schreibt Theophrastus, ein großer Botaniker der Antike: „Als Medizin ist Olibanum fast überflüssig.“ Mit dieser Ansicht scheint er jedoch allein dagestanden zu haben, denn fast alle bekannten Ärzte der Antike behandelten ihre Patienten mit arabischem, afrikanischem oder indischem Weihrauchharz.

Hippokrates empfahl es zur Wundreinigung, zur Förderung der Wundheilung, als Abführmittel, bei Erkrankungen der Atemwege, gegen Brandwunden und Frostbeulen. Dioskurides setzte es gegen Geschwüre, Darminfekte, Mandelentzündung, Gelbsucht, Hautausschläge, Warzen, Bronchitis und Augenkrankheiten ein. Celsus verordnete es zusätzlich gegen Schuppenflechte, Hautknötchen, Lähmungen, Gicht, Geschlechtskrankheiten und zum Verkleben blutender Wunden.

Was dem Altertum recht war, war dem Mittelalter billig. Namhafte Heilkundige des europäischen Mittelalters schätzten das Weihrauchharz, so die Äbtissin Hildegard von Bingen. Sie erweiterte sein Indikationsgebiet um Schwerhörigkeit, Kopfschmerzen und „tägliches Fieber".

Und Matthiolus, kaiserlicher Leibarzt in der Renaissance und Autor eines berühmten Kräuterbuchs, knüpfte im Stil seiner Zeit an die antiken Gelehrten an. So empfahl er Weihrauch gegen innere Blutungen, Erbrechen, Magenschmerzen und Husten, aber auch bei Hautgeschwüren, Wunden, erfrorenen Füßen und Brustdrüsenentzündungen stillender Frauen.

Die lange Liste von Krankheiten, gegen die Weihrauch half oder helfen sollte, scheint beliebig und ohne Zusammenhang. Einige Volltreffer sind jedoch dabei: Darminfekte, Wundheilung, Geschwüre, Rheuma und Erkrankungen der Luftwege waren und sind ein Anlass, über den Weihrauch als Heilmittel nachzudenken.

Weihrauch, ein vergessenes Heilmittel

Gegen Mitte des 19. Jahrhunderts kam Weihrauch als Heilmittel in Europa langsam aus der Mode. Das Harz ergatterte gerade noch eine Nebenrolle bei der Herstellung von Pflastern und Salben, und der Rauch wurde bei Kehlkopfentzündung und chronischer Bronchitis eingeatmet. Noch 1938 findet sich im „Lehrbuch der biologischen Heilmittel" von Gerhard Madaus ein Kapitel zur Weihrauchtherapie bei Atemwegserkrankungen, Durchfall, Blasen- und Nierenleiden sowie Rheuma und Gicht. Nach dem Siegeszug moderner Arzneimittel wie Antibiotika (1945) oder Cortison (1948) geriet die Wirkung von Weihrauch in Vergessenheit.

Gegen Ende des 20. Jahrhunderts wird die alleinige Therapie mit Arzneimitteln, die der Volksmund mittlerweile abwertend als „chemische Keulen" bezeichnet, mehr und mehr in Frage gestellt. Viele helfen nicht optimal, haben schwere Nebenwirkungen oder verlieren ihre Wirksamkeit durch leichtfertige und zu häufige Anwendung, was man am Beispiel wachsender Resistenzen von Bakterien gegen die an sich so segensreichen Antibiotika sehen kann.

Auch das Cortison, einst als Wunderwaffe gegen chronische Polyarthritis gefeiert, wird heute mit eher gemischten Gefühlen betrachtet. So sinnvoll beispielsweise inhalativ eingesetzte oder lokale wirksame Corticoide sind, so unbefriedigend ist ihr Einsatz in der Langzeittherapie chronischer Entzündungskrankheiten.

Auch wächst in der Schulmedizin langsam die Einsicht, dass

- die psychische Verfassung eines Menschen bei vielen Erkrankungen eine Schlüsselrolle spielt,
- ein Arzt nicht nur die Krankheit behandeln, sondern den Menschen in seiner Ganzheit, als Einheit von Körper und Seele und in Beziehung zu seiner Umwelt betrachten sollte,
- die Selbstheilungskräfte des Menschen durch Optimismus, Glauben und Hoffnung angeregt werden und diese Faktoren bei der Therapie stärker berücksichtigt werden sollten.

Wiederentdeckung

Inzwischen riskieren Pharmakologen und Mediziner auf der Suche nach Alternativen zu den heute üblichen Standardtherapien einen zweiten Blick auf den Schatz an biologischen Heilmitteln.

So reiste Mitte der achtziger Jahre der Pharmakologe Professor Hermann P. T. Ammon aus Tübingen nach Indien und besuchte das Regional Research Laboratory in Jammu im Bundesstaat Kaschmir, das sich mit der wissenschaftlichen Erforschung indischer Heilpflanzen beschäftigt.

Während dieses Aufenthaltes übergab ihm sein Kollege G. B. Singh ein weißes Pulver mit der Bitte, es in Deutschland genauer zu untersuchen. Es handelte sich um einen Trockenextrakt aus dem Harz des indischen Weihrauchbaums Boswellia serrata. Die Prüfung erfolgte am Pharmazeutischen Institut der Universität Tübingen und nahm einige Jahre in Anspruch.

1991 publizierten Ammon und seine Mitarbeiter die ersten Ergebnisse. Sie konnten durch Labortests und Tierversuche nachweisen, dass

SYNTHETISCH ODER PFLANZLICH?

Viele synthetische Arzneimittel stammen von Pflanzen ab. Von der Pflanze bis zum Arzneimittel ist es jedoch ein weiter Weg, denn Pflanzen enthalten sehr viele Substanzen und zunächst weiß man ja nicht, welche dieser Substanzen für die Heilwirkung einer Pflanze verantwortlich ist.
Zur Bestimmung der Inhaltsstoffe werden die Pflanzen oder Pflanzenteile getrocknet. Getrocknete Pflanzen nennt der Fachmann „Droge“. Im Labor wird diese Droge dann in ihre Bestandteile zerlegt und untersucht, welche Stoffe in ihr enthalten sind.
Schließlich versucht man herauszufinden, welches Molekül für die Heilwirkung der Pflanze verantwortlich ist. Entweder ist diese kleinste Stoffeinheit bereits die Grundlage für die Entwicklung eines neuen Arzneimittels oder sie wird erst chemisch abgewandelt, bis andere Moleküle entstehen, von denen sich der Pharmazeut eine noch bessere Wirkung verspricht.
Vom Weihrauchbaum interessiert hier nur ein kleiner Bestandteil, nämlich das Harz, das aus der eingeritzten Rinde hervortritt. Das Harz des indischen Weihrauchbaums Boswellia serrata besteht aus ätherischem Öl (8–9 %), Harz (55–57 %), Wasser (10–12 %) und Gummi (20–23 %). Allein im Öl, also in der kleinsten Fraktion, wurden 86 verschiedene chemische Verbindungen gefunden.
Die Acetyl-11-keto-β-Boswelliasäure (AKBA) stammt aus der Harzfraktion. Würde man AKBA aus dem Harz isolieren, fielen alle anderen Inhaltsstoffe weg, und man hätte die chemische Basis eines neuen synthetischen Arzneimittels.
Manchmal entsteht die heilende Kraft einer Pflanze aus dem Zusammenwirken ihrer Inhaltsstoffe. Dann ist zwar die Pflanze als ganze wirksam, es gelingt aber nicht, die für die Wirkung verantwortlichen Inhaltsstoffe zu finden.

ein Inhaltsstoff des Pulvers gegen Entzündungen hilft: Dieser Stoff heißt Acetyl-11-keto-β-Boswelliasäure (AKBA).

Die sensationelle Wiederentdeckung eines uralten Heilmittels machte in der Fachwelt schnell die Runde. Bereits jetzt wecken einige viel versprechende klinische Studien und positive Einzelfallberichte große Erwartungen. Wenn die Prognose stimmt und sich die Ergebnisse der ersten pharmakologischen Prüfungen nahtlos auf den Menschen übertragen lassen, würde in der Therapiegeschichte sehr vieler Erkrankungen ein neues Kapitel beginnen.

Weihrauch in der Ayurveda-Medizin

Die Inder haben dem Weihrauchharz aus Boswellia serrata als Heilmittel über Jahrtausende hinweg die Treue gehalten. Darum ist die Wiederentdeckung des Weihrauchs in Europa auch eng mit der Hinwendung zur traditionellen indischen Ayurveda-Medizin verknüpft.

Die Ayurveda-Ärzte schätzen den Weihrauch bei Hautkrankheiten, rheumatischen Erkrankungen und als Beruhigungsmittel. Seine Wirkung wird als aufsaugend, abbauend und kühlend beschrieben.

Ayurveda geht bis ins zweite Jahrtausend vor Christus zurück und versteht sich als ganzheitliche Medizin. Das Zusammenspiel von Körper, Seele, Geist und Welt wird bei der Therapie berücksichtigt.

Der Schwerpunkt liegt dabei auf Vorbeugung und gesunder Lebensführung. Viele Aspekte der Ayurveda-Medizin bleiben einer rationalen Anschauungsweise jedoch zutiefst verschlossen.

Ayurveda beruht auf der Anwendung pflanzlicher, mineralischer oder tierischer Substanzen. Im Unterschied zu unseren synthetischen Arzneimitteln werden sie als natürliche oder biologische Heilmittel bezeichnet.

Es gelten immer die gesamte Pflanze oder Pflanzenteile als wirksames Prinzip. Ayurveda unterscheidet nicht zwischen Inhaltsstoff und Wirkstoff, wie das bei uns der Fall ist (Seite 20), sondern unterscheidet stattdessen zwischen

- Geschmack und Charakter *(rasa),*
- Verdauungsprodukt *(vipaka),*

- Heilkraft *(virya)* und
- spezieller Wirkung *(prabhava)* auf ein bestimmtes Organ oder gegen eine bestimmte Krankheit.

Aus den vier Aspekten einer Heilpflanze ergibt sich ihre Gesamtwirkung, ihr Karma. Für westliche Mediziner und Pharmazeuten ist das zu viel Hokuspokus. Ihr gegenwärtiges, rationales Interesse am Weihrauch bezieht sich allein auf *prabhava,* also die spezielle Wirkung auf ein Organ oder gegen eine Krankheit.

Seit einigen Jahren prüfen Wissenschaftler aus aller Welt einzelne Heilmittel der Ayurveda-Medizin auf potente Einzelwirkstoffe mit spezieller Wirkung. Und das, wie man am Beispiel des Weihrauchs sehen kann, mit Erfolg.

Die Anwendung von Einzelwirkstoffen gegen bestimmte Symptome oder für bestimmte Organe hat mit der klassischen Ayurveda-Medizin nichts mehr zu tun. Denn Ayurveda zielt vor allem auf Vorbeugung, richtige Lebensweise und Ernährung ab. Entsprechend ernsthaft muss sich der Patient darauf einlassen.

Die Änderung der Lebensweise, vor allem der Essgewohnheiten, ist auch bei uns in den letzten Jahren zunehmend ins Zentrum der Aufmerksamkeit gerückt. Selbst viele Schulmediziner setzen nicht mehr nur auf die Heilwirkung der Medikamente, sondern gehen langsam dazu über, die Patienten zu einer Umstellung ihrer Ernährung sowie zu Verhaltensänderungen zu bewegen.

Wie Lebensweise und Ernährung geändert werden müssen, ist laut Ayurveda von Krankheit zu Krankheit und von Mensch zu Mensch verschieden. Ayurveda bietet also keine Pauschaltherapie, sondern eine Therapie nach Maß.

Nach einer ganz einfachen Definition beginnt ein gesundes Leben bereits damit, dass man auf sich achtet, sich pflegt und sich bewegt, ab und zu fastet, ein geregeltes Leben führt, seine Mitmenschen achtet und beim Essen nicht besinnungslos alles Mögliche in sich hineinstopft, sondern bewusst auswählt, zubereitet und verzehrt.

Das beginnt beim sorgfältigen Einkauf und endet bei besinnlichem, ruhigen Essen. In den alten Ayurveda-Schriften ist noch nicht einmal eine gute Flasche Wein verpönt, aber das wäre ja auch wirklich ein Jammer. Sogar Fleischgerichte sind in Maßen erlaubt.

Eine Umstellung der Ernährungsgewohnheiten und der Lebensweise wäre für viele Menschen eine gute Sache. Aber es ist für einen nüchtern denkenden Europäer nicht ganz einfach, zu diesem Zweck Zuflucht bei der Ayurveda-Medizin zu suchen – besonders seit Mitte der achtziger Jahre der indische Yogi Maharishi das nach ihm benannte Maharishi-Ayurveda öffentlichkeitswirksam und unter Einsatz erheblicher finanzieller Mittel neu auflegte. Seitdem ist eine Ayurveda-Kur an die transzendentale Meditation (TM) geknüpft und scheint spirituell eng um die Person des Meisters zu kreisen. Das ist für viele abschreckend, die einfach nur nach einer gesunden Lebensweise Ausschau halten.

Als die alten Ayurveda-Lehrer um Christi Geburt niederschrieben, wie ein langes, gesundes Leben zu führen wäre, gaben sie ein mehrstufiges Programm heraus, dessen spiritueller Mittelpunkt noch nicht in der transzendentalen Meditation besteht. Danach umfasst Ayurveda

- Zuverlässigkeit im täglichen Leben und Rücksichtnahme auf andere Menschen,
- Disziplin in Körperpflege, Ernährung und Tagesablauf,
- Yoga-Übungen,
- Verfeinern und Steuern der Atmung,
- Ruhe, Konzentration, Meditation.

AYURVEDA KONTRA SCHULMEDIZIN

Aus der Sicht der Schulmedizin ist Ayurveda eine irrationale Außenseitermethode, die einer naturwissenschaftlichen Prüfung nicht standhalten würde.
Doch was wird überhaupt geprüft, was ist naturwissenschaftlich und was nicht? Solange Wirksamkeitsnachweise nur durch placebokontrollierte Doppelblindstudien (Seite 56) erbracht werden, bleibt eine Heilmethode wie Ayurveda ausgeschlossen, da sie weder die einzelne Krankheit noch deren Therapie mit einem bestimmten Wirkstoff in den Vordergrund stellt. Dort steht bei Ayurveda immer der ganze Mensch und die Umgebung, in der er lebt.
Was isst er, was trinkt er, was mag er, was mag er nicht, wie bewegt er sich, wie schaut er, wie redet er, ist er dick, dünn, kräftig, schwach, weich, fest, sehnig, leicht oder schwer, ist er aggressiv, distanziert, dominant oder passiv?
Diese Faktoren und Merkmale bleiben unscharf, ergeben pro Person eine jeweils neue Kombination. Man kann sie interpretieren, zusammenfassen, versuchen, sich ihnen verstehend anzunähern. Sie alle beeinflussen die Gesundheit und damit auch die Krankheit. Und sie unterliegen deutlichen Schwankungen.
Schwankung, Unschärfe, Variation – diese Begriffe sind der Naturwissenschaft ein Gräuel. Sie signalisieren fehlerhafte und nicht überprüfbare Ergebnisse. Denn der Wert einer klinischen Studie steigt, wenn ihr Ergebnis auf einen sehr einfachen Nenner gebracht werden kann: Bei soundso vielen Testpersonen haben unter Arzneistoff 0815 die Beschwerden nachgelassen, bei soundso vielen nicht. In einer klinischen Studie zählen nur die Krankheit und das Mittel, das dagegen helfen soll.
Die Schulmedizin lässt daher nicht nur den Wert einer guten geistigen und körperlichen Verfassung außer Acht, mit der jeder Heilerfolg steht und fällt oder Krankheit erst gar nicht entsteht. Sie nutzt auch nicht alle zur Verfügung stehenden Diagnosemöglichkeiten. Denn Beobachtungsgabe, Intuition und Menschenkenntnis müssten keine Spezialität von Ayurveda-Ärzten sein. Diese Fähigkeiten werden umso weniger

einstudiert und geübt, je mehr die Schulmedizin auf Apparate und Röntgenaufnahmen setzt.
Allerdings hat die Schulmedizin den Anwendern pflanzlicher Heilmittel andererseits auch etwas zu bieten:

- gesicherte pharmazeutische Qualität,
- genaue Dosierungsrichtlinien,
- einheitliche Herstellungsvorschriften,
- Schutz des Verbrauchers vor Betrug.

Wissenschaftliche Prüfungen von Heilmitteln gehören zu den Grundsätzen der modernen westlichen Medizin. Die Heilwirkung eines Arzneimittels soll nachvollziehbar und wiederholbar sein, mögliche Nebenwirkungen sollten erkannt werden.
Ayurveda und Schulmedizin könnten also in Zukunft voneinander profitieren und sich zum Wohle des Patienten gegenseitig ergänzen.
Jeder interessierte Patient darf aber schon jetzt über den Tellerrand der Schulmedizin in Richtung Ayurveda schauen, denn die indische Medizin war und ist ein sanftes Naturheilverfahren, das dem obersten Heilgrundsatz „Vor allem schade nicht" in jeder Weise gerecht wird.

Therapie mit Weihrauch: ja oder nein?

Wenn Sie sich jetzt fragen, ob eine Weihrauchtherapie das Richtige für Sie ist, weil Sie an einer komplizierten und chronischen Entzündungskrankheit leiden, brauchen Sie vor Ihrer Entscheidung noch weitere Informationen.

Und gute Argumente, denn Sie werden der Skepsis derjenigen Ärzte ausgesetzt sein, die eine Therapie mit Weihrauch nicht empfehlen, weil sie in ihren Augen nicht genügend erforscht ist.

Bevor Sie eine Therapie mit Weihrauch beginnen, klären Sie bitte die nun folgenden Punkte ab. Systematisches Vorgehen ist für Sie sehr wichtig, während wahlloses Herumprobieren Ihrer Gesundheit nicht zuträglich ist.

Die bisherige Therapie

Sind Sie mit dem Erfolg der bisherigen Therapie nicht zufrieden, haben Sie allen Grund, sie abzuwandeln oder ganz abzubrechen, sobald sich eine Alternative bietet. Bevor Sie jedoch ein solches Urteil fällen, studieren Sie noch einmal Ihre Krankengeschichte und informieren Sie sich über die Gründe für die bisher erfolgte Therapie.

Auf keinen Fall sollten Sie irgendetwas im Alleingang unternehmen. Gerade bei chronischen Erkrankungen ist es wichtig, nicht gleich aufzugeben, wenn der Therapieerfolg ausbleibt. Es gibt Medikamente, die unter keinen Umständen von heute auf morgen abgesetzt werden dürfen, und manchmal gibt es trotz aller Probleme gute Gründe, sie weiter einzunehmen.

Besprechen Sie alles mit Ihrem Arzt, eventuell auch mit einem zweiten, um eine andere Meinung zu hören. Lassen Sie nicht einfach irgendwas mit sich machen. Seien Sie mit von der Partie, wenn es um die Wiederherstellung Ihrer Gesundheit geht.

Perspektiven einer neuen Therapie

Prüfen Sie auch, was Ihnen versprochen wird. Die Versprechungen sollten begründet sein, und Sie sollten diese Gründe nachvollziehen können. Zu große Übertreibungen und aggressive Werbung sind verdächtig. Werbung ist keine objektive Information, sondern dient immer den Interessen der Auftraggeber.

Um zwischen der alten und einer möglichen neuen Therapie sorgfältig abwägen zu können, sollten Sie in Bezug auf Ihre Krankheit genau über den aktuellen Stand der Schulmedizin und über alternative Angebote informiert sein.

Hoffnung und Zuversicht

Der Erfolg einer Therapie hängt entscheidend davon ab, dass Sie Hoffnung investieren. Das ist umso einfacher, je mehr Sie über die neue Therapie wissen. Sie sollten sicher sein können, dass Sie keine unkalkulierbaren gesundheitlichen Risiken eingehen, und glauben, dass die Behandlung Ihnen helfen könnte.

Verständlicherweise wollen Sie nicht enttäuscht werden. Aber deshalb nichts mehr wagen? Wenn Sie vor Beginn einer neuen Therapie alles tun, um nicht auf leere Versprechungen hereinzufallen, können Sie sich damit vor Enttäuschungen schützen. Scheitert der Versuch trotzdem, haben Sie sich nichts vorzuwerfen.

Dass Sie ihn überhaupt gemacht haben, ist oft schon für sich genommen etwas wert. Sie haben viel gelernt und an Erfahrung dazugewonnen. Und von der Stelle aus, an der Sie sich dann befinden, sehen Sie vielleicht schon eine neue Chance, Ihre Krankheit zu meistern.

Arzneimittelsicherheit

Arzneimittelsicherheit und die richtige Anwendung eines neuen Heilmittels sind wichtig. Im Fall der Weihrauchtherapie heißt das:

- nur über die Apotheke und
- nur unter ärztlicher Kontrolle.

Zweifel

Ihr Arzt wird Sie möglicherweise dazu bewegen wollen, das bisherige Therapieschema beizubehalten. Ein zweiter will vielleicht schon ein Experiment wagen, aber ein ganz anderes als Sie. Ein dritter erzählt Ihnen von einer Studie, bei der Weihrauch sehr schlecht abgeschnitten hat.

Das alles wird Sie verunsichern, wenn Sie nicht genau wissen, was Sie wollen und warum Sie es wollen.

Verunsicherungen während der Therapie verringern die Compliance, das Einverständnis des Patienten mit den verordneten Medikamenten.

WAS HEISST COMPLIANCE?

Das, was die Fachleute als eine schlechte Compliance bezeichnen, kennen Sie vielleicht schon aus eigener Erfahrung: Sobald es Ihnen nach Beginn einer Behandlung wieder einigermaßen gut geht, denken Sie nicht mehr an Ihre Medikamente. Oder Sie legen sie gleich nach dem Arztbesuch beiseite, weil Sie die Nebenwirkungen fürchten oder weil es Ihnen unangenehm ist, dauernd Pillen zu schlucken.

Nur wenn Sie wirklich von einer Therapie überzeugt sind, werden Sie Ihre Medikamente vorschriftsmäßig einnehmen. Nach Ansicht vieler Experten ist mangelnde Compliance der Hauptgrund für das Scheitern vieler Therapien. Nur etwa die Hälfte aller chronisch Kranken nehmen ihre Medikamente so, wie der Arzt es verordnet hat.

Das ist natürlich auch ein gewaltiger Kostenfaktor: Versicherungsleistungen in Millionenhöhe werden jährlich durch nicht oder nicht richtig eingenommene Medikamente verschwendet.

Wie Weihrauch wirkt

Was passiert bei Entzündungen?

Zur Wirkung von Extrakten aus Weihrauchharz gibt es viel versprechende Laboruntersuchungen und erste klinische Studien. Die Prognosen sind optimistisch, denn ein bestimmter Wirkstoff dieses Extrakts verhindert nachweislich die Bildung von so genannten Leukotrienen, die bei Entzündungen eine wichtige Rolle spielen.

Was können Leukotriene?

Leukotriene wurden 1979 zum ersten Mal isoliert und chemisch bestimmt. Diese Gruppe von Gewebshormonen steuert unter anderem bei einer Entzündung das Verhalten der weißen Blutzellen.

Leukotriene entstehen aus Arachidonsäure. Das ist eine mehrfach ungesättigte Fettsäure, deren Vorstufe in der Außenschicht, also in der Membran verschiedener Zelltypen gebunden ist.

Aus Arachidonsäure werden nicht nur Leukotriene, sondern auch Prostaglandine und Thromboxane gebildet. Alle drei Produkte der Arachidonsäure nennt man Entzündungsmediatoren, weil sie zwischen Entzündungsherd und Immunzellen eine Vermittlerrolle einnehmen.

Schon geringe Mengen von Leukotrienen genügen, um eine Entzündungsreaktion in Gang zu bringen. Sie beginnt damit, dass Leukotriene des Typs B4 weiße Blutkörperchen in ein geschädigtes oder verletztes Körpergebiet locken.

Die weißen Blutkörperchen heißen in der Fachsprache Leukozyten. Sie sind eine Familie von Blutzellen mit der gleichen Stammzelle, die sich aber verschiedenartig weiterentwickeln und ganz unterschiedliche Aufgaben haben. Und weil die Leukotriene eine so starke Anziehungskraft auf Leukozyten ausüben, wurden sie nach ihnen benannt.

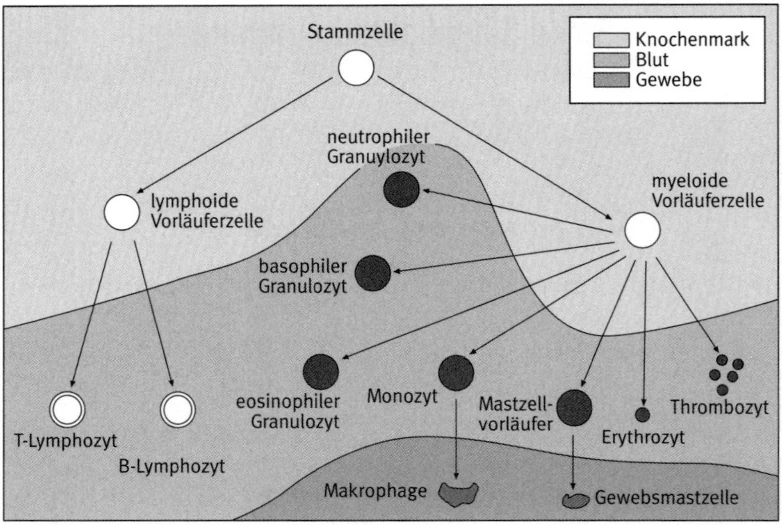

Stark vereinfachte Darstellung zur Entstehung von Immunzellen (nach Kramer, 1997)

Die herbeigeholten Leukozyten haben den Auftrag, verdächtige Substanzen sofort unschädlich zu machen, zu verdauen oder wegzuschaffen. Verdächtig ist alles, was auf seiner Oberfläche Moleküle trägt, die vom Organismus als „fremd" erkannt werden. Diese Moleküle heißen in der Fachsprache Antigene und die Reaktion der weißen Blutkörperchen auf die Antigene nennt man Immunantwort.

Leukotriene werden immer gebildet, wenn das Immunsystem gegen äußere Feinde in Aktion tritt, also dann, wenn es uns vor Krankheitserregern wie Viren, Bakterien, Pilzen oder den Folgen von Verbrennungen, Erfrierungen und Verletzungen schützen will. In diesem Fall ist die Signalwirkung der Leukotriene ein Segen und hilft, die Abwehr zu organisieren, richtig einzusetzen und den Feind erfolgreich aus dem Feld zu schlagen.

Das Immunsystem einiger Menschen hat bei der Unterscheidung zwischen Freund und Feind jedoch Schwierigkeiten. Es wird dann auch gegen eher harmlose Stoffe aktiv oder wendet sich sogar gegen körpereigene Zellen. Auch in diesem Fall werden Leukotriene gebildet und es kommt zu einer Entzündungsreaktion.

Antigene und Antikörper

Bakterien, Viren oder Parasiten tragen Antigene auf ihrer Oberfläche. Solche Antigene können sich aber auch auf der Oberfläche körpereigener Zellen befinden, die dann vom Immunsystem ebenfalls als feindlich eingestuft werden.

Auch an sich harmlose Substanzen wie Blütenpollen oder Hausstaub können vom Immunsystem als feindlich eingestuft werden und eine allergische Reaktion hervorrufen. Sie werden daher als Allergene bezeichnet.

Sowohl Antigene wie Allergene lösen eine Immunantwort aus, bei der es zur Bildung von Antikörpern kommt. Gegen jedes Antigen produziert der Körper einen spezifischen Antikörper.

Im Verlauf chronischer Entzündungen finden sich auch oft so genannte Immunkomplexe. Das sind Verbindungen aus Antigenen und Antikörpern, die über die Blutbahn im ganzen Körper verteilt werden, sich an den Gefäßwänden ablagern und dort eine Entzündungsreaktion auslösen.

Übeltäter Arachidonsäure?

Arachidonsäure ist in jeder Körperzelle vorhanden, außer in den roten Blutkörperchen. Fast alle Zellen produzieren also auch die Arachidonsäure-Abkömmlinge Prostaglandine, Leukotriene und Thromboxane.

Arachidonsäure wird aber vor allem von Mastzellen und Makrophagen ausgeschüttet. Beide Zelltypen sind stationär mit wichtigen Überwachungsfunktionen betraut, und zwar im Körpergewebe. Deswegen werden Leukotriene manchmal auch als Gewebshormone bezeichnet.

Makrophagen sind über das Blut ins Gewebe gelangt und erst dort herangereift. Sie haben die Aufgabe, Antigene zu binden, zu verdauen oder für andere Abwehrzellen zu markieren, also erkennbar zu machen, damit diese spezifische Antikörper produzieren können. Im Alarmfall setzen die Makrophagen aber zunächst hohe Mengen an Arachidonsäure frei, aus der sich Leukotriene bilden.

Mastzellen kommen direkt unter der Haut, im Bindegewebe um die Blutgefäße herum und in der Schleimhaut vor. Schleimhäute finden sich zum Beispiel in Magen, Darm, Lunge, Bronchien, Nase, Mund und Rachen, auf den Augen, in der Gebärmutter, im Gebärmutterhalskanal und in der Scheide.

Die Mastzellen geben Arachidonsäure ab, sobald sie mit Allergieauslösern wie Hausstaub, Blütenpollen, Katzenhaaren oder anderen Allergenen konfrontiert werden, für deren Abwehr ein Antikörper mit dem Namen Immunglobulin E (IgE) zuständig ist. Der IgE-Antikörper ist speziell auf Allergene zugeschnitten und reagiert sofort, wenn der Organismus damit in Berührung kommt.

Auch Antigene, die von den Antikörpern Immunglobulin G (IgG) und Immunglobulin M (IgM) zu Immunkomplexen gebunden worden sind, bringen die Mastzellen zur Freigabe ihres Inhalts an das umliegende Gewebe. Diese IgG- und IgM-Immunkomplexe finden sich bei der chronischen Polyarthritis und bei den meisten anderen Autoimmunerkrankungen (wenn die Immunabwehr sich gegen körpereigene Zellen richtet).

Durch aktivierte Mastzellen und Makrophagen im betroffenen Gewebe sammeln sich große Mengen von Leukozyten, bilden ihrerseits wieder Arachidonsäure und Leukotriene, die noch mehr Blutzellen anlocken.

Leukotriene als „Schleuser"

Die Leukozyten bewegen sich über die Blutbahn zum entzündeten Gewebe hin. Sind sie am Einsatzort angekommen, erfüllen die Leukotriene eine weitere Aufgabe: Sie helfen einem Typ von Leukozyten, den neutrophilen Granulozyten, sich an der Blutbahn festzusetzen.

Die relativ großen neutrophilen Granulozyten stehen vor der schwierigen Aufgabe, die Blutgefäßwand zu durchdringen, bevor sie in das umliegende Gewebe einwandern und ihre Abwehrfunktion erfüllen können. Das ist jedoch nicht so einfach.

Das Blut fließt durch die Arterien zum Entzündungsgebiet, und zwar sehr schnell. Die Arterienwände sind fest und undurchlässig. Kein Blutkörperchen könnte sich unter normalen Umständen einfach dort festsetzen, aus der Blutbahn austreten und ins umliegende Gewebe gelangen.

Deshalb verändern Leukotriene die Wand der Blutbahn. Sie sorgen dafür, dass sich dort erste Andockstellen für die neutrophilen Granulozyten bilden. Diese Andockstellen wirken wie Widerstände auf der sonst glatten Aderwand.

Die Blutkörperchen rollen jetzt etwas langsamer an den Arterienwänden entlang. Erste Kontakte kommen zustande, brechen wieder ab. Je langsamer sich ein Blutkörperchen bewegt, desto leichter kann es an einer Andockstelle hängen bleiben.

Schließlich kleben die neutrophilen Granulozyten an der Gefäßwand und durchdringen sie in einem letzten Schritt. Sie verlassen jetzt ihren eigentlichen Aufenthaltsort, die Blutbahn. Sobald sie auch noch das angrenzende Bindegewebe passiert haben, befinden sie sich im Entzündungsgebiet.

Akute Entzündungen sind gut

Wird der Körper geschädigt, versucht er sich selbst zu helfen. Diesen Selbstheilungsvorgang bezeichnen wir als Entzündung.

Durch Bakterien, Viren, Parasiten oder Pilze werden Entzündungen verursacht, sobald sie das Immunsystem alarmieren, aber auch Verletzungen, Verbrennungen und Erfrierungen bedrohen den Körper, und er reagiert darauf mit einer Entzündung.

Die Entzündungsreaktion ist unabhängig von der Art der Schädigung und läuft im Prinzip immer gleich ab. Die äußeren Zeichen einer Entzündung haben Sie schon mit eigenen Augen gesehen: Nach einer Verletzung zum Beispiel kann die Wunde rot werden, anschwellen und schmerzen. Warum?

Als Erstes weiten sich an der geschädigten Stelle die Adern und die kleinen Blutgefäße, denn dort wird jetzt mehr und schneller als sonst Blut benötigt. So erklären sich die Rötung und die Schwellung.

Die Wände der Adern werden durchlässig. Denn nur so können die Abwehrzellen des Immunsystems, die Leukozyten, in das umliegende Gewebe einwandern. Das verursacht die Schmerzen.

Ist der Feind besiegt, normalisiert sich die Lage, und die betroffene Stelle heilt. Alle am Entzündungsgeschehen Beteiligten sind nach getaner Arbeit wieder in Ruheposition und warten auf ihren nächsten Einsatz. Der gefährliche Eindringling ist aus dem Feld geschlagen und eliminiert.

Die aktute Entzündung ist immer räumlich und zeitlich begrenzt und oft lebensrettend. Sie überwindet Infektionen aller Art, deshalb bezeichnet man sie auch als schützende, als protektive Immunreaktion.

Für Menschen, bei denen die Immunreaktion durch Medikamente massiv unterdrückt wird, sind Infektionskrankheiten durch Bakterien, Viren, Parasiten oder Pilze besonders gefährlich, da die Schädlinge sich ungehindert im Körper ausbreiten können.

Chronische Entzündungen sind schlecht

Einige Entzündungsreaktionen werden aber nicht von gefährlichen Eindringlingen verursacht, sondern durch körpereigene Substanzen hervorgerufen. Das ist zum Beispiel bei der chronischen Polyarthritis der Fall, bei der die Entzündungsreaktion durch ein unbekanntes Antigen auf den Zellen der Gelenkinnenhaut ausgelöst wird. Diese Entzündung ist eine krankhafte, eine pathogene Immunreaktion.

Auch wenn normalerweise unschädliche Außenreize wie Blütenpollen oder Hausstaub als Allergene wirken und einen lebensbedrohenden Asthmaanfall auslösen, bezeichnet man das als krankhafte Immunreaktion.

Der Ablauf einer krankhaften Immunreaktion gegen Antigene auf körpereigenen Zellen oder gegen Allergene in der Umwelt ist der gleiche wie bei einer schützenden Immunreaktion.

Die krankhafte Immunreaktion ist zeitlich oder räumlich nicht begrenzt, also chronisch. Das auslösende Antigen befindet sich ständig im Körper, das auslösende Allergen kehrt zu bestimmten Jahreszeiten wieder oder ist unter bestimmten Umständen immer in der Luft. Der Körper versucht stets aufs Neue, Antigene oder Allergene aus dem Weg zu räumen und zu vernichten.

Bei einigen chronischen Entzündungskrankheiten finden sich auch so genannte Immunkomplexe aus Antigenen und Antikörpern, die nicht abgebaut werden konnten. Die körpereigene Abwehr ist jedoch stets bemüht, auch diese Immunkomplexe zu zerstören und aus dem Gewebe zu entfernen. So entstehen immer wieder neue Entzündungsgebiete, oft an vielen Stellen im Körper gleichzeitig.

Der so verursachte Dauereinsatz der Blutzellen wird für den Körper zum Problem: Um alle Antigene und Immunkomplexe zu verdauen und aufzulösen, produzieren die Blutzellen starke Zellgifte, zum Beispiel freie Sauerstoffradikale.

Diese Stoffe sind so aggressiv, dass sie mit der Zeit auch gesundes Gewebe schädigen. Dadurch entstehen neue Verletzungen, die wieder eine Entzündungsreaktion zur Folge haben. Das Immunsystem bleibt ständig aktiv, die Entzündung wird chronisch und die Schädigung des Körpergewebes greift immer weiter um sich. Deshalb versucht man, diese Entzündung zu stoppen.

Angriffspunkt von vielen entzündungshemmenden Medikamenten sind die Produkte der Arachidonsäure, also Leukotriene, Prostaglandine und Thromboxane.

Wie funktionieren Entzündungshemmer?

Die klassischen Entzündungshemmer sind erstens Steroidhormone, zum Beispiel Cortison, und zweitens die **n**icht-**s**teroidalen **A**nti-**R**heumatika (NSAR). Hinter dieser Abkürzung verbergen sich nicht nur Rheumamittel wie Diclofenac® oder Arthotec®, sondern auch der Schmerzmittelklassiker Aspirin®.

Nach Einnahme dieser Medikamente kommt die Entzündungsreaktion meist sofort zum Stillstand, denn sie sorgen dafür, dass aus Arachidonsäure keine Entzündungsmediatoren (Leukotriene, Prostaglandine, Thromboxane) mehr gebildet werden.

NSAR wie Diclofenac® oder Aspirin® zügeln die Entzündungsreaktion an einer anderen Stelle: Die Arachidonsäure wird zwar noch freige-

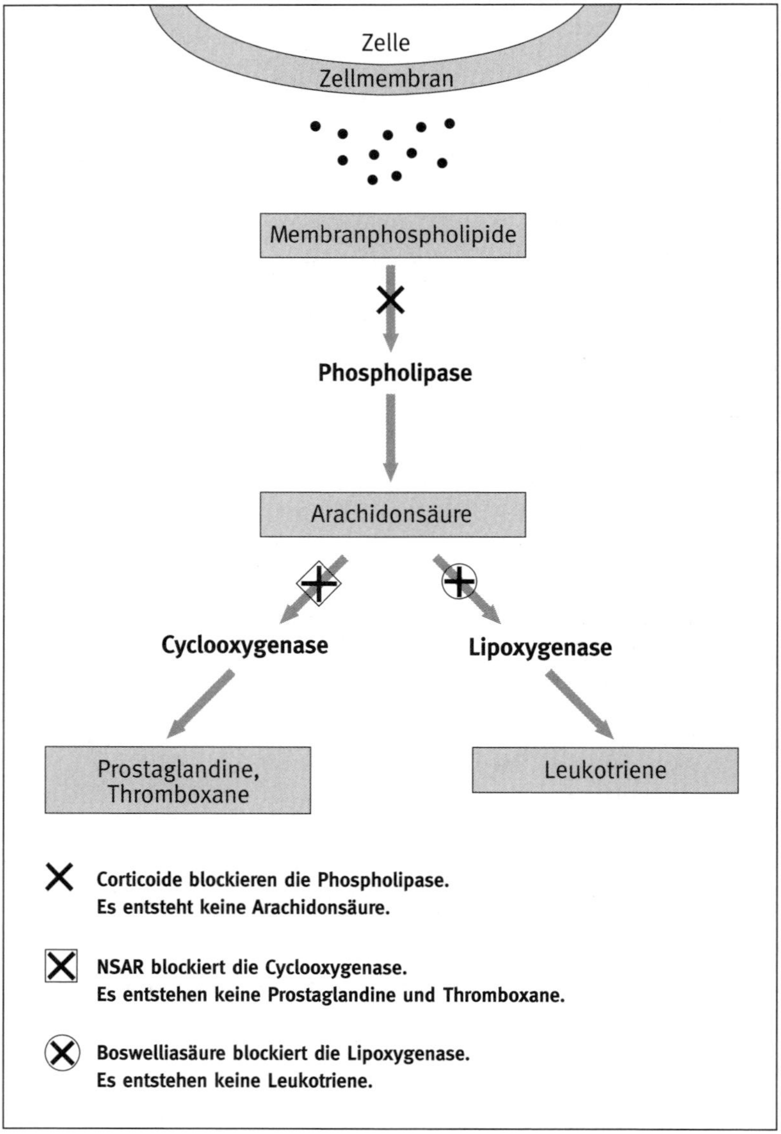

Arachidonsäurekaskade

setzt, aber die Prostaglandine, eines ihrer Produkte, können nicht mehr gebildet werden. Dadurch gehen vor allem die mit der Entzündung verbundenen Schmerzen weg.

Leider hat die Hemmung der Prostaglandine durch NSAR einen großen Nachteil, denn Prostaglandine aus Arachidonsäure sind nicht nur Entzündungsmediatoren. Sie fördern auch die Bildung von Schleim, der die Magenwand vor der rabiaten Magensäure schützt.

Durch die regelmäßige Anwendung von NSAR fällt dieser Schutz weg. Bei etwa 70 Prozent der Patienten, die regelmäßig NSAR einnehmen, wird mit der Zeit die Magenschleimhaut geschädigt und so die nächste Schwachstelle im Körper vorbereitet. Denn es kommt auch hier zu chronischen Entzündungen, verstärkter Leukotrienbildung, lokalem Gewebstod, Blutungen und schließlich zu Magengeschwüren, die unter Umständen bösartig werden können. Darum enthalten moderne Rheumamittel (zum Beispiel Arthotec®) synthetisch hergestellte Prostaglandine, die Schäden an der Magenschleimhaut verhindern sollen.

Abgesehen von seinen zahlreichen anderen Nebenwirkungen führt die Einnahme von Cortison zum gleichen Beschwerdebild wie die NSAR.

Mit schwerem Geschütz

Cortison bei chronischen Entzündungen – das ist etwa so, als würden Sie im Keller eines großen Mietshauses die zentrale Wasserversorgung sperren, wenn bei Ihnen im Badezimmer ein Hahn tropft. Das Tropfen hört auf, aber bald werden alle Mieter unter dieser Art der Reparatur zu leiden haben. Wechseln Sie stattdessen die Dichtung aus, lösen Sie das Problem, ohne die anderen Hausbewohner zu verärgern.

Gerade weil Cortison so unspezifisch wirkt und viele Vorgänge im Organismus ungünstig beeinflusst, haben die meisten Menschen eine verständliche Abneigung dagegen, es regelmäßig einzunehmen.

Cortison bewirkt unter anderem die Blockade des Enzyms Phospholipase A2 und verhindert so die Freisetzung von Arachidonsäure aus der Zellmembran. Ohne Arachidonsäure werden keine Prostaglandine und keine Leukotriene gebildet und die Entzündungsreaktion bleibt aus.

Die durch das Medikament verursachten Beschwerden und Krankheiten nimmt niemand auf die leichte Schulter. Darum wird Cortison heute in der Regel niedrig dosiert und so oft wie möglich abgesetzt.

Bei chronischen Entzündungskrankheiten kommt es leicht dazu, dass dauernd Cortison eingenommen werden muss, um die Entzündung zu unterdrücken. Je niedriger in diesen Fällen die Dosis sein kann, umso besser.

Cortison schwächt das ganze Immunsystem. Dadurch haben Bakterien, Pilze und Viren ein leichtes Spiel und führen vermehrt zu Infektionen. Deshalb müssen zusätzlich Antibiotika (gegen Bakterien), Antimykotika (gegen Pilze) oder Virustatika (gegen Viren) gegeben werden, die den Organismus noch mehr belasten.

Cortison auf keinen Fall einfach absetzen

Wer Cortison einnimmt, darf es nicht plötzlich absetzen. Warum? Weil der Körper dieses Hormon normalerweise selbst herstellt und herstellen muss, diese Fähigkeit durch die Therapie aber eingeschränkt wird. Ge-

CORTISON-NEBENWIRKUNGEN BEI DAUEREINNAHME

Osteoporose
Schrumpfung der Nebennierenrinde
erhöhte Infektanfälligkeit
Infektionsverschleierung
Diabetes
Magengeschwüre und -entzündungen
Gewichtszunahme
Hautschäden und Akne
Vollmondgesicht
Thromboseneigung
Wundheilungsstörungen
Katarakt, Glaukom (grauer und grüner Star)
Bluthochdruck

bildet wird das Hormon in der Nebennierenrinde. („Rinde" heißt auf lateinisch „cortex", und die Bezeichnung Cortison ist davon abgeleitet.)

Wenn über längere Zeit Cortison von außen zugeführt wird, reduziert die Nebennierenrinde ihre eigene Hormonproduktion. Sie schrumpft sogar, weil sie nichts mehr zu tun hat. Deshalb kann sie sich nach dem Absetzen eines cortisonhaltigen Medikaments nur langsam darauf einstellen, wieder mit voller Kraft zu arbeiten.

Das körpereigene Cortison ist aber für viele Stoffwechselvorgänge unverzichtbar. Bei abrupter Beendigung der Cortisoneinnahme käme es zu einem Cortisonmangel, weil gleichzeitig die Nebennierenrinde noch nicht wieder voll arbeitet.

Wer seine Cortisontabletten absetzen will, muss dies unbedingt in Absprache mit seinem Arzt tun. Das Medikament darf nur ganz langsam „ausgeschlichen" werden.

Cortison ist einer der schnellsten und wirksamsten Entzündungshemmer, die es gibt. Das Medikament kann deshalb Leben retten. Ein akuter Asthmaanfall, ein allergischer Schock, schwere Entzündungen, Verletzungen, Operationen und nicht zu vergessen die Addison-Krankheit, bei der kein körpereigenes Cortison produziert werden kann – all dies macht Cortison auch in Zukunft unentbehrlich.

Aber es scheint, als habe es bei der Behandlung chronischer Entzündungskrankheiten Konkurrenz bekommen. Wer aber ein so wichtiges Mittel auch nur teilweise durch ein pflanzliches Heilmittel ersetzen will, muss dafür gute Gründe haben.

Leukotrienbildung gezielt hemmen

Im Kampf gegen die chronische Entzündung wäre es am besten, nur die Leukotrienbildung zu hemmen. Seit langem versucht die Pharmaindustrie, eine Substanz herzustellen, die das kann.

Für einen dieser neuen Arzneistoffe, das Zileuton®, wurde jetzt in den USA die Zulassung als Asthmamittel beantragt. Allerdings hat es eine Reihe von Nebenwirkungen: Etwa drei Prozent der Patienten entwickeln innerhalb der ersten drei Monate der Behandlung eine Leberentzündung. Auch kommt es zu Beschwerden im Magen-Darm-Bereich.

Vier weitere Wirkstoffe, die gezielt die Leukotrienbildung hemmen sollen und etwas besser verträglich sind als das Zileuton®, befinden sich noch in der klinischen Erprobung: Methoxyalkylthiazol, Methoxytetrahydropyran, Thiopyranindol und Boswelliasäure aus Weihrauchharz, wahrscheinlich der beste von allen. Mit seiner „Entdeckung" ist vorläufig ein Höhepunkt bei der Suche nach spezifischen Entzündungshemmern erreicht. Nur möglichst spezifisch wirksame Stoffe gewährleisten bei chronischen Entzündungen eine nebenwirkungsarme und doch effektive Unterdrückung der Symptome.

Entzündung und Ernährung

Zahlreiche Studien belegen, dass Fastenkuren Rheumapatienten helfen. Die Entzündungsaktivität geht messbar zurück, die Gelenke schwellen ab, der Allgemeinzustand verbessert sich. Sobald die Patienten wieder „normal" essen, flackert die Entzündung wieder auf, und es kommt erneut zu Krankheitsschüben.

Warum? Normale Ernährung bedeutet in unseren Breiten Fleisch, Fisch, Eier und andere tierische Produkte, und in all diesen Lebensmitteln ist besonders viel Arachidonsäure enthalten. Aus dieser Säure entsteht der Entzündungsmediator Leukotrien B4.

Der während der Fastenkur unterbrochene Arachidonsäurenachschub wird bei der Rückkehr zu normaler Ernährung wieder aufgenommen. Wünschenswert wäre jedoch eine Ernährungsweise mit möglichst wenig Arachidonsäure.

Beim Verzehr von Fleisch, Wurst, Fisch, Eiern und Milch werden pro Tag etwa 200 bis 400 mg Arachidonsäure aufgenommen. Sie wird aber nur sehr langsam abgebaut. Mit der Zeit reichert sie sich deshalb in den Zellmembranen an. Bei einer Fastenkur und daran anschließenden, überwiegend pflanzlichen Kost werden diese Depots aufgebraucht.

Mensch und Tier brauchen jedoch eine gewisse Menge Arachidonsäure, damit das Immunsystem sie wirksam vor Infektionskrankheiten schützen kann.

Führt eine rein pflanzliche Kost dann nicht dazu, dass zu wenig Arachidonsäure da ist? Im Gegenteil. Isst der Mensch Fleisch, nimmt er die in den tierischen Zellen enthaltene fremde Arachidonsäure auf. Isst er kein Fleisch, bildet er die Arachidonsäure ausschließlich selbst. Das kann er aber nur, wenn er pflanzliche Fette aufnimmt. Warum?

Die Arachidonsäure ist der Abkömmling einer mehrfach ungesättigten Fettsäure, der Linolsäure. Linolsäure ist eine Omega-6-Fettsäure, die zum Beispiel in Sonnenblumenkernöl und Nachtkerzenöl enthalten ist. Nur wenn Menschen Omega-6-Fettsäuren über die pflanzliche Nahrung aufnehmen, ist ihr Organismus in der Lage, Arachidonsäure selbst herzustellen.

Omega-6-Fettsäuren sorgen bei einer rein vegetarischen Ernährung für die körpereigene Herstellung von Arachidonsäure, die nötig ist, um die normale, schützende Immunreaktion aufrechtzuerhalten.

Fischöl kontra Entzündung

Oft wird auch Fischöl gegen chronische Entzündungen eingesetzt. Es enthält Omega-3-Fettsäuren, und zwar hauptsächlich Eicosapentaensäure (EPA). Aus dieser Säure entstehen auch Leukotriene, aber nur solche vom wenig entzündungsaktiven Typ B5.

Der Clou an der Sache ist: Arachidonsäure und Eicosapentaensäure werden vom selben Enzymsystem, der Lipooxygenase, zu Leukotrienen umgewandelt. Eicosapentaensäure und Arachidonsäure konkurrieren also um dieses Enzym. Führt man nun größere Mengen Fischöl zu, bleiben immer weniger Enzyme für die Arachidonsäure übrig, so dass immer weniger Leukotriene vom Typ B4 gebildet werden.

Je kleiner die durch Ernährung aufgenommene Menge von Arachidonsäure ist, umso effektiver hemmt zusätzlich gegebenes Fischöl die Bildung von Entzündungsmediatoren. Einige Studien belegen einen günstigen Einfluss von Fischöl auf den Verlauf chronischer Entzündungen.

Wenn das Immunsystem spinnt

Jährlich wächst die Zahl der Allergiker, jährlich wächst auch die Zahl derer, die an einer Autoimmunerkrankung leiden, zum Beispiel chronische Polyarthritis, Morbus Crohn, Colitis ulcerosa, Multiple Sklerose oder systemischer Lupus erythematodes. In manchen Familien häufen sich solche Erkrankungen, die Veranlagung dazu scheint also erblich zu sein. Noch steht die Wissenschaft vor einem Rätsel. Die Ursachen sind unbekannt, die Aussicht auf Heilung zur Zeit eher gering. Manchmal kommt es jedoch auch bei schlechten Prognosen zu Spontanheilungen.

Allergien sind Krankheiten, bei denen an sich harmlose Außenreize, zum Beispiel Blütenpollen oder Hausstaub, eine übertriebene Abwehrreaktion des Körpers provozieren. Unklar ist dabei, warum das Immunsystem auf Harmloses so heftig reagiert.

Auch weniger harmlose Substanzen, zum Beispiel Luftschadstoffe, können allergische Reaktionen hervorrufen. Und die Frage ist auch hier: Warum reagiert der Körper bei einigen Menschen auf einen bestimmten Stoff, als wäre er Gift, während andere bei dem gleichen Stoff keine derartige Reaktion zeigen?

Bei Autoimmunerkrankungen ist es ähnlich wie bei Allergien, nur dass hier der Reiz nicht von außen kommt, sondern Teil des eigenen Körpers ist. Die Vorsilbe „auto“ bedeutet „selbst“, und „autoimmun“ bezeichnet den Versuch des Körpers, gegen sich selbst immun zu sein. Das Immunsystem reagiert aus ungeklärten Gründen auf körpereigene Zellen, als wären es schädliche Eindringlinge. Zum Teil ist noch nicht einmal genau bekannt, gegen welche der vielen körpereigenen Substanzen sich die Autoimmunität überhaupt richtet.

Die Therapie zielt auf die Unterdrückung der Symptome. Eine vollständige Heilung durch Behandlung der zugrunde liegenden Störungen wird erst dann möglich sein, wenn geklärt ist, warum bestimmte Menschen eine Autoimmunerkrankung oder eine Allergie entwickeln.

Vom Umgang mit der eigenen Krankheit

Lorenzos Öl

Der amerikanische Spielfilm „Lorenzos Öl“ erzählt die Geschichte eines Jungen, der mit sechs Jahren an einer so genannten Leukodystrophie erkrankt. Das ist eine sehr seltene Erkrankung des zentralen Nervensystems, die nicht heilbar ist und die innerhalb weniger Jahre unter großem Leiden zum Tod führt.

Die Eltern wollen das nicht einfach so akzeptieren und beginnen daher, alle verfügbare wissenschaftliche Literatur zu dem Thema durchzuarbeiten. Dabei stoßen sie auf ein Öl, mit dem es gelungen sein soll, die Krankheit zum Stillstand zu bringen. Aus diesem Öl, „Lorenzos Öl“, entwickeln die Eltern in Zusammenarbeit mit einem Wissenschaftler eine Medizin, durch die – nach vielen dramatischen Wendungen – der schwer kranke Junge langsam gesund wird. Obwohl nach der herrschenden Meinung Lorenzos Krankheit als ganz sicher unheilbar gilt.

Der Film will zeigen, dass Patienten auch unter ungünstigen Voraussetzungen wieder gesund werden können, wenn sie am Gebäude ihrer Gesundheit die verantwortungsvolle Rolle des Bauherrn selbst übernehmen.

Ziehen Sie alle Register!

Der Ausdruck „alle Register ziehen“ stammt aus der Kirchenmusik. Die Register sind Teil der Orgel, und während einer spielt, zieht der andere die Register. Wer die Register zieht, muss die Musik sehr gut kennen. Nur dann kann er das Spiel des Organisten verstehen und genau zum richtigen Zeitpunkt reagieren. Je mehr Register er zieht, umso kräftiger ertönt die Orgel.

Wenn Sie an einer Allergie oder an einer Autoimmunerkrankung leiden, sollten Sie die Musik, die in Ihrem Körper gespielt wird, genau kennen. Machen Sie sich mit Ihrer Erkrankung vertraut, damit Sie die Chance haben, das Richtige zu tun und das Falsche zu lassen.

Wo liegen die Schwierigkeiten?

Zu Beginn Ihrer Erkrankung stehen Sie vermutlich vor einem Berg von Problemen. Die Aussicht, je wieder gesund zu werden, scheint in unendlich weite Ferne gerückt. Sie haben zwar von Spontanheilungen gehört, aber Ihr Arzt hat Ihnen auch gesagt, dass dies nur selten vorkommt. Für Sie ist es zunächst schon ein Erfolg, wenn Sie lernen, mit der Krankheit zu leben, sich mit ihr zu arrangieren. Ein weiterer Erfolg ist es, wenn es Ihrem Arzt und Ihnen selbst gelingt, den Schaden wenigstens zu begrenzen.

Die Therapien, die Sie über sich ergehen lassen müssen, sind zum großen Teil sehr belastend. Sie fürchten – und das zu Recht – die schweren Nebenwirkungen der Medikamente, die der Arzt Ihnen verordnet hat. Da Sie diese Medikamente viele Jahre oder ein Leben lang einnehmen müssen, fallen die Nebenwirkungen ganz besonders ins Gewicht. Deshalb zweifeln Sie immer wieder daran, ob die gewählte Therapie überhaupt die richtige ist.

Das ist wiederum schlecht für den Therapieerfolg, denn der beruht ganz wesentlich auf Ihrem Einverständnis mit der Therapie und Ihrer Hoffnung auf Heilung.

Viele Therapien kosten aber wegen ihrer Nebenwirkungen und der Disziplin, die ihre Durchführung erfordert, enorm viel Kraft, Geduld und Zuversicht. Genau diese Energien brauchen Sie dringend, um Ihren Gesundheitszustand zu verbessern. Darum müssen Sie sie sinnvoll einsetzen und sich vor Therapiefehlern möglichst schützen.

Es gibt auf viele Fragen, die Ihre Krankheit betreffen, keine Antworten. Ihr Arzt weiß häufig weniger, als Sie erwarten. Das darf er natürlich nicht zugeben, denn für den Heilerfolg ist es sehr wichtig, dass Sie seine Kompetenz anerkennen und Respekt vor ihm haben.

Um keine Unsicherheit aufkommen zu lassen und weil sie es so gelernt haben, neigen viele Ärzte zu starren Therapieansätzen, das heißt, sie behandeln eine Krankheit zunächst nach Schema F. Dabei ist es gerade bei Allergien und Autoimmunität so, dass sie ganz unterschiedlich verlaufen und individuell therapiert werden sollten.

Selbst aktiv werden

Aus all diesen Gründen ist es wichtig, dass Sie selbst mit allen Aspekten Ihrer Krankheit bestens vertraut sind. Lernen Sie Ihre Krankheit kennen. Auch wenn Ihnen dies auf den ersten Blick zu schwierig oder vielleicht sogar unangenehm erscheint: Die Mühe lohnt sich.

Das Ziel ist dabei ein optimales, auf Sie persönlich zugeschnittenes Therapieschema. Dies können Sie nur in Zusammenarbeit mit Ihrem Arzt entwickeln. Ziehen Sie ihn auf Ihre Seite, gewinnen Sie ihn für Ihre Interessen, machen Sie ihn zu Ihrem Verbündeten.

Um aktiv an Ihrem Wohlergehen arbeiten zu können, müssen Sie die Initiative ergreifen.

Wissen oder Information?

Zwischen Wissen und bloßer Information besteht ein wichtiger Unterschied: Wissen ist rar, aber Informationen gibt es sehr viele. Einige sind wichtig für Sie, andere höchst überflüssig und reine Zeitverschwendung, wieder andere sind schlicht falsch. Wie können Sie seriöse Information von Informationsmüll unterscheiden? Wie schaffen Sie es, sich durch widersprüchliche Aussagen nicht entmutigen zu lassen?

Auf die Frage „Was ist richtig?" wird es oft keine eindeutige Antwort geben. Dennoch kann sie sich als sehr produktiv erweisen: Beim Versuch, sie zu beantworten, sammeln Sie immer mehr Informationen und dringen dabei immer weiter in den Dschungel miteinander konkurrierender, zum Teil widersprüchlicher Aussagen vor. Das ist eine spannende Sache. Schließlich wird es Ihnen immer besser gelingen, Informationen richtig zu beurteilen und sich nicht an der Nase herumführen zu lassen.

Und irgendwann haben Sie aus den Massen von Informationsmaterial das Wissen herausgefiltert, das Sie zum Experten in Bezug auf Ihre Krankheit macht und Ihnen hilft, Ihre Situation zu meistern.

Aber warum sollen Sie sich so genau mit Ihrer Krankheit befassen, wenn Ihnen doch ein Arzt alles erklären könnte, was Sie im Zusammenhang damit wissen sollten?

Ein guter Arzt – egal ob Allgemeinmediziner oder Spezialist – wird zwar versuchen, Sie möglichst umfassend zu informieren, aber das reicht in vielen Fällen nicht aus.

Die Kenntnisse des Allgemeinmediziners sind oft nicht auf dem neuesten Stand der Forschung. Der ändert sich ständig, und der einzelne Mediziner kann es schon allein zeitlich kaum schaffen, über alles Neue auf dem Laufenden zu sein.

Ein Spezialist wiederum ist häufig nicht in der Lage, über den engen Horizont seines Fachgebiets hinauszublicken. Er wird von neuen Ideen nicht unbedingt begeistert sein und sieht Sie vor allem nicht in Ihrer Gesamtpersönlichkeit.

Hausarzt oder Facharzt?

Ihr Hausarzt hat gegenüber dem Spezialisten auf den ersten Blick schlechte Karten. Als Allgemeinmediziner versteht er von allem etwas, aber nicht genug, um Spezialfragen beantworten zu können.

Leiden Sie zum Beispiel längere Zeit an Durchfall unklarer Ursache, wird er Sie zu einem Gastroenterologen überweisen. Wenn Sie aber neben Ihrer Magen-Darm-Erkrankung nach einiger Zeit auch noch Rückenschmerzen bekommen, müssen Sie zum Orthopäden. Stellt der dann fest, dass Ihre Wirbelgelenke entzündet sind, sind Sie bei einem Rheumatologen besser aufgehoben. Und wenn Sie außerdem eine schwere seelische Krise durchmachen, wird Ihre Krankenkasse auch die Kosten für eine psychotherapeutische Behandlung übernehmen.

So werden Sie von einem Spezialisten zum anderen gereicht. Doch die einzelnen Fachärzte werden Ihre Beschwerden nicht unbedingt in einem Zusammenhang sehen. Manchmal können sie das auch gar nicht, weil sie nicht wissen oder danach fragen, bei wem Sie sonst noch in Behandlung sind.

Das weiß nur Ihr Hausarzt. Bei ihm laufen alle Fäden zusammen, da er in der Regel die Überweisungen ausstellt. Wenn irgendeiner Ihnen gegenüber in der Lage ist, Zusammenhänge zu erkennen, dann er. Und natürlich Sie selbst.

Ihr Hausarzt ist von seiner Ausbildung her ein ebenso kompetenter Gesprächspartner wie ein Spezialist, aber nicht so fixiert auf ein bestimmtes Fachgebiet, dass er vor lauter Bäumen den Wald nicht mehr sieht.

Er schaut hierhin und dorthin, weil er es gewohnt ist, für alles mögliche zuständig zu sein. Und er würde von dem Fachwissen, das Sie gesammelt haben und in ein Gespräch einbringen, profitieren können. All das macht ihn auf den zweiten Blick zu dem für Sie interessanteren Ansprechpartner.

Bereiten Sie solche Gespräche gut vor und konzentrieren Sie sich auf das Thema. Denken Sie auch daran, dass Ihr Hausarzt für die Zeit, in der er „nur" mit Ihnen redet, sehr schlecht bezahlt wird. Pro Kassenpatient erhält er eine Pauschale von etwa 50 Mark im Quartal, egal wie oft Sie in diesen drei Monaten in der Sprechstunde erscheinen. Je öfter Sie mit ihm reden, desto kleiner wird sein Honorar.

Mehr Wissen, weniger Ohnmacht

Dieses Buch fasst den Stand des Expertenwissens in Bezug auf die Frage zusammen, ob und wie Weihrauch bei der Therapie chronischer Entzündungskrankheiten helfen kann. Die Verfasserin hat dazu Fachtexte studiert, mit Fachleuten gesprochen und das Ganze in die Alltagssprache übersetzt.

Oft liegen aber keine solchen Übersetzungen vor. Oder es gelingt Ihnen nicht, sich ein klares Bild zu verschaffen, denn die Laienratgeber, die Sie sich zu Ihrem Thema gekauft haben, sind zu ungenau und weichen in wichtigen Punkten voneinander ab. Um aber allen Fragen, die Sie bezüglich Ihrer Erkrankung haben, nachzugehen, müssen Sie vielleicht auch einmal ein paar Seiten „unübersetzte" Fachliteratur lesen.

Keine Angst vor Fachchinesisch

Die Lektüre von Fachbüchern oder Artikeln in Fachzeitschriften ist für Laien eine entmutigende Sache, zumindest am Anfang. Denn wissenschaftliche Texte sind oft so unverständlich wie eine Fremdsprache. Sie haben vor dieser schweren Hürde nur zwei Möglichkeiten: Entweder geben Sie auf oder Sie nehmen die Herausforderung an.

Um Fachliteratur lesen zu können, brauchen Sie dringend ein medizinisches Fachwörterbuch. Schlagen Sie dort Begriffe nach, die Ihnen unverständlich sind, und versuchen Sie, auf einer Karteikarte in eigenen Worten niederzuschreiben, was sie bedeuten.

Leider passiert es oft, dass diese Begriffe durch Begriffe erklärt werden, die Sie auch nicht kennen. So müssen Sie eben mehrmals nachschlagen. Aber das macht nichts. Am schwersten ist der Einstieg, danach fällt Ihnen die Lektüre immer leichter, da Sie mehr verstehen und Ihr Wissen zunimmt. Und Sie werden bald merken: Es wird überall nur mit Wasser gekocht.

Fachausdrücke sind sinnvolle Abstraktionen, die die Kommunikation unter Wissenschaftlern erleichtern. Einige ließen sich jedoch ohne weiteres durch Worte der Alltagssprache ersetzen. Dies würde aber dem Selbstverständnis vieler Wissenschaftler widersprechen, die sich durch ihre Sprache abgrenzen und sozial aufwerten möchten.

Medizinische Wörterbücher, Fachzeitschriften und Fachbücher sind nicht für Laien geschrieben, sondern für Ärzte, Pharmazeuten, Chemiker und Biologen. Sie, die neugierige Patientin, der neugierige Patient, dringen dadurch in einen nicht für Sie vorgesehenen Herrschaftsbereich ein. Auf dem hier versteckten Wissen beruht die professionelle Überlegenheit der Fachleute. Knacken Sie also den Code und lernen Sie, mitzureden.

Schreiben Sie das auf!

Viele Ärzte schlagen ihren Patienten vor, ein Tagebuch zu führen, in das sie eintragen, wie es ihnen geht, wie sie ihre Medikamente vertragen und ob sich ihre Beschwerden bessern.

Man könnte sich aber noch weitere Fragen stellen: Was ist unmittelbar vor dem letzten Krankheitsschub passiert? Gab es Ärger im Beruf? Streit mit dem Partner? Stress mit dem Nachbarn?

Wann ist es Ihnen in der letzten Zeit besonders gut gegangen? Was haben Sie davor gegessen, getrunken, getan oder nicht getan? Haben Sie irgendetwas unternommen, um Ihre Situation zu verbessern? Was fassen

Sie als Nächstes ins Auge? Freuen Sie sich auf etwas ganz besonders? Fürchten Sie sich vor etwas mehr als vor allem anderen? Was beherrscht Ihre Gedanken?

Sinnvoll könnte es auch sein, in Ihrer Erinnerung zu graben. Wann ist die Krankheit zum ersten Mal aufgetreten? Was passierte unmittelbar vorher? Wie verlief die Erstbehandlung? Welche Krankheiten haben Sie außerdem, und was könnten die miteinander zu tun haben? Hatten Sie schwere Erkrankungen, die wieder vergingen und die jetzt plötzlich eine neue Bedeutung erhalten?

Das kommt Ihnen vielleicht überflüssig vor, ist es aber nicht. Sie befinden sich in Bezug auf Ihre Krankheit in einer ganz besonderen Situation: Sie sind selbst das Laboratorium, in dem die einzelnen biochemischen Prozesse ablaufen, die das Auf und Ab Ihrer Krankheit bestimmen.

Ob Sie nun an chronischer Polyarthritis, Morbus Crohn oder irgendeiner anderen chronisch verlaufenden Krankheit leiden: Jeder Betroffene entwickelt mit der Zeit sein ganz persönliches Krankheitsbild. Und bezüglich aller wichtigen Beobachtungen dazu sitzen Sie an der besten Quelle.

Die Tagebucheinträge sind dazu da, dass solche Beobachtungen nicht in Vergessenheit geraten. Ihre Niederschrift kostet zwar Zeit und Aufmerksamkeit, aber nach einer Weile entwickeln Sie Routine und werden schneller.

Wenn Sie gelernt haben, bestimmte Signale zu erkennen und richtig zu deuten, haben Sie einen Riesenschritt im Umgang mit Ihrer Krankheit gemacht. Sie können dann besser auf einen neuen Krankheitsschub reagieren oder verhindern sogar seinen Ausbruch.

Gerade weil die Wissenschaftler auf viele Fragen, die Ihre Krankheit betreffen, noch keine Antwort haben, ist es interessant, eigene Beobachtungen zu machen und sich darüber mit dem Arzt oder auch in Ihrer Selbsthilfegruppe auszutauschen.

Selbsthilfegruppen

Patienten, die an einer schweren chronischen Erkrankung leiden, haben sich in den letzten Jahren mehr und mehr zusammengeschlossen, um ihre Interessen besser vertreten zu können. Diese Gruppen sind für alle, die sich mit Leidensgenossen zusammentun möchten, eine große Hilfe. Hier werden neue Forschungsergebnisse diskutiert und die völlig unterschiedlichen Erfahrungen ausgetauscht, von denen der Verlauf chronischer Erkrankungen so sehr geprägt ist.

In den Selbsthilfegruppen finden sich wissbegierige und gut informierte Patienten, die ihre Krankheit, ihren Körper und oft auch ihre Persönlichkeit besser verstehen wollen. Selbsthilfegruppen sind für ihre Mitglieder auch ein Weg aus der Isolation. Denn viele chronisch Kranke geraten durch ihre verminderte Leistungsfähigkeit ins gesellschaftliche und soziale Abseits.

Andererseits scheuen manche Menschen den Kontakt zu Selbsthilfegruppen, da sie nicht ständig durch andere Betroffene mit der Krankheit und ihren Folgen konfrontiert werden wollen.

Zu wünschen ist ein möglichst sachlicher und zurückhaltender Umgang miteinander. Selbsthilfegruppen können ihre Mitglieder psychisch und sozial stabilisieren. Sie spenden eine gewisse Nestwärme und das erleichternde Gefühl, nicht allein derjenige zu sein, dem es so schlecht geht. Vor allem aber sollen sie jedes einzelne Mitglied in die Lage versetzen, sich selbst zu helfen, anstatt dies ausschließlich vom Arzt oder vom Arzneimittel zu erwarten. Aus passiv Kranken werden so aktive Patienten, die es verstanden haben, aus der Not eine Tugend zu machen.

Das Netzwerk reicht häufig über die lokalen Aktivitäten hinaus. Oft sind die Gruppen auf nationalen und internationalen Fachkongressen vertreten, bieten eigene Veranstaltungen oder Gesprächskreise an und sorgen so für eine globale Wahrnehmung ihrer Interessen.

Viele Selbsthilfegruppen werden bei ihren Aktivitäten intensiv von der Pharmaindustrie gesponsert. Dafür ist der Industrie natürlich zu danken. Verständlich, dass die Unternehmen im Gegenzug ebenso intensiv für ihre Produkte werben: in den Mitgliederzeitschriften, die die Gruppen herausgeben, und auf den Veranstaltungen, die sie organisieren.

Es ist Sache der einzelnen Gruppenmitglieder, diese Werbung kritisch zu prüfen und bei der Wahl der Therapie auf sachliche, uneigennützige Information zu setzen.

Die nationale Kontaktstelle zur Anregung und Unterstützung von Selbsthilfegruppen (NAKOS) in Berlin hält ein zentrales Verzeichnis der rund 260 Anlaufstellen der Selbsthilfe in Deutschland bereit.

SO FINDEN SIE IHRE SELBSTHILFEGRUPPE

NAKOS
Albrecht-Achilles-Straße 65, 10709 Berlin
Tel. 0 30/8 91 40 19, Fax 0 30/8 93 40 14
Im Internet: http://www.nakos.de

Für Rheumapatienten:
Deutsche Rheumaliga
Maximilianstraße 14, 53111 Berlin
Tel. 02 28/76 60 60, Fax 02 28/7 66 06 20

Rheumaforum e.V.
Kontaktstelle verbandsunabhängiger Selbsthilfegruppen
Postfach 13 08, 71563 Murrhard
Tel. 0 71 92/90 05 70, Fax 0 71 92/90 05 73
E-mail: fibro-rheuma-selbsthilfe@t-online.de

Für Patienten mit chronischen Darmerkrankungen:
Deutsche Morbus Crohn/Colitis ulcerosa Vereinigung – DCCV – e.V.
Paracelsusstraße 15, 51375 Leverkusen
Tel. 02 14/8 76 08-0, Fax 02 14/8 76 08-88
E-mail: info@dccv.org, Internet: http://dccv.org

Für Patienten mit Multipler Sklerose:
Deutsche Multiple Sklerose Gesellschaft
Bundesverband e.V.
Vahrenwalder Straße 205–207, 30165 Hannover
Tel. 05 11/96 83 40, Fax 05 11/9 68 34 50
E-mail: dmsg@dmsg.de, Internet: http://www.dmsg.de

Ist Weihrauch ein sicheres und nebenwirkungsarmes Arzneimittel?

Die Nebenwirkungen eines Medikaments beruhen darauf, dass eine Substanz mehr bewirkt, als sie eigentlich sollte. Daher ist es der Traum aller Chemiker und Pharmakologen, Substanzen zu finden, die so präzise funktionieren wie die Boswelliasäure, die bei Entzündungen ganz gezielt nur die Bildung der Leukotriene hemmt (Seite 35 ff.).

Bisher wurden keine größeren Nebenwirkungen der Boswelliasäure beobachtet. Jahrtausendelang wurde der Weihrauch offenbar ohne negative Effekte angewendet.

Im Gegensatz dazu mussten einige moderne Arzneimittel trotz strenger Prüfung im Zulassungsverfahren wieder vom Markt genommen werden, als sich nach umfangreicher Anwendung herausstellte, dass sie großen Schaden verursachten.

Ein Weihrauchpräparat, das die bei uns vorgesehenen pharmakologischen und klinischen Prüfungen besteht, würde folgende Voraussetzungen erfüllen:

- Die Wirksamkeit wenigstens eines Inhaltsstoffs wäre genau definiert und gesichert.
- Über die genaue Dosierung bestünde Klarheit.
- Weihrauch wäre als zugelassenes Arzneimittel verschreibungs- und erstattungsfähig.
- Der Herstellungsprozess lieferte ein standardisiertes Produkt.
- Die Galenik, also die Darreichungsform des Medikaments, und die Bioverfügbarkeit der Wirkstoffe wären optimiert.

Bisher können Ärzte und Pharmakologen, wenn sie Weihrauch für die eine oder andere Therapie in Betracht ziehen, nur darüber spekulieren, wie viel, in welcher Form und wie oft der Patient ihn einnehmen soll.

Und deshalb ist zum gegenwärtigen Zeitpunkt eine Therapie mit Weihrauchpräparaten immer ein Experiment.

Daran sollte ein Versuch zwar nicht scheitern, aber man sollte sich dies klarmachen, bevor man eine Therapie beginnt.

Zu Risiken und Nebenwirkungen ...

Seit ein paar Jahren werden Extrakte aus dem indischen Weihrauchbaum Boswellia serrata in Laborversuchen gezielt auf Nebenwirkungen untersucht:

- Genschädigungen konnten nicht nachgewiesen werden.
- Ein erster Kurzzeittest belegt, dass Weihrauchextrakt nicht krebserregend ist, Ergebnisse aus Langzeituntersuchungen gibt es allerdings noch nicht.
- Schwangere sollten keine Weihrauchtherapie anfangen, da Untersuchungen zur Fruchtschädigung noch nicht vorliegen. Auch während der Stillzeit sollten vorsichtshalber keine Weihrauchpräparate eingenommen werden, da nicht bekannt ist, ob die Wirkstoffe in die Muttermilch übergehen. In alten chinesischen Lehrbüchern werden Schwangere vor einer Einnahme gewarnt, da die „blutbewegende" Eigenschaft des Weihrauchs zu einem vorzeitigen Abgang des ungeborenen Kindes oder zu Frühgeburten führen könne.
- In Tierversuchen mit verschiedenen Konzentrationen des Extrakts stellte sich heraus, dass selbst ein Mehrfaches der für den Menschen in Frage kommenden Dosierung bei Ratten und Rhesusaffen keine akuten oder chronischen Vergiftungen hervorrief.
- Die tödliche Dosis lag bei der Hälfte aller getesteten Ratten und Mäuse bei über zwei Gramm pro Kilo Körpergewicht. Tierversuche sind nicht ohne weiteres auf den Menschen übertragbar. Würde man es trotzdem tun, wäre die einmalige Gabe von 350 Weihrauchtabletten zu 400 Milligramm für jeden zweiten Erwachsenen mit einem Körpergewicht von 70 Kilogramm tödlich.
- Die heute im Handel erhältlichen Produkte enthalten laut Herstellerangaben 400 Milligramm Weihrauchextrakt pro Kapsel. Die empfoh-

lene Tagesdosis muss jedoch individuell abgestimmt werden. Sie sollte weder unter- noch überschritten werden. Denn eine zu niedrige Dosis kann den Entzündungsprozess sogar noch stimulieren.

- Die optimale Dosis lässt sich erst im Laufe der Anwendung ermitteln. Der behandelnde Arzt muss kontrollieren, ob die eingenommene Menge etwas bewirkt oder nicht.
- Im Rahmen der bisher durchgeführten Studien wurden täglich 1200 bis 3600 Milligramm verabreicht und gut vertragen. Da der Geschmack des Medikaments sehr intensiv und eigenartig ist, wurde es bei Einnahme auf nüchternen Magen von einigen Personen schlecht vertragen. Weihrauch sollte also immer nach dem Essen eingenommen werden. In seltenen Fällen wurden Hauttrockenheit, Juckreiz und Durchfall beobachtet.
- Zwei Patienten hatten über längere Zeit unkontrolliert bis zu 10 Gramm Weihrauchextrakt pro Tag eingenommen. Dadurch sank die Konzentration eines Typs von Blutzellen, der neutrophilen Granulozyten, unter den normalen Wert. Ein anderer Patient, der Weihrauch in großen Mengen gegen chronische Polyarthritis eingenommen hatte, wurde vorübergehend unfruchtbar. Alle beobachteten Schäden gingen nach Absetzen der Therapie wieder zurück.

Hilft Weihrauch ohne Nebenwirkungen?

Ein altes Medizinersprichwort besagt: Was viel bewirkt, hat auch viele Nebenwirkungen. Leider trifft das Sprichwort auf die meisten der heute gebräuchlichen Arzneimittel zu. Die Hinwendung zu den Naturheilmitteln, wie sie seit den achtziger Jahren zu beobachten ist, belegt den wachsenden Unmut darüber.

Bei den chronischen Erkrankungen kommt hinzu, dass die Arzneimittel nicht einmalig, sondern über einen langen Zeitraum eingenommen werden müssen, da sie nicht heilen, sondern nur die Symptome unterdrücken. Bei einer Langzeittherapie entstehen mehr Nebenwirkungen als bei einer kurzfristigen Einnahme.

Je unspezifischer etwas wirkt, umso schwerer sind die Nebenwirkungen. Gesucht werden deshalb möglichst spezifisch wirksame Arzneistoffe. Die Acetyl-11-keto-β-Boswelliasäure (AKBA) ist einer davon.

Wogegen Weihrauch hilft

Um es gleich vorwegzunehmen: Wenn Weihrauch so wirkt, wie es auf den Seiten 35 ff. beschrieben wurde, dann hilft er theoretisch gegen alle Krankheiten mit chronischer und erhöhter Bildung von Leukotrienen.

KRANKHEITEN MIT ERHÖHTER LEUKOTRIENBILDUNG

Körperbereich	Krankheit
Gelenke	Chronische Polyarthritis
	Lupus erythematodes (Schmetterlingsflechte)
Haut	Psoriasis (Schuppenflechte)
Lunge	Asthma bronchiale
Magen, Darm	Morbus Crohn
	Colitis ulcerosa
Zentrales Nervensystem	Multiple Sklerose

Was haben die Krankheiten, die in der Tabelle aufgelistet sind, gemeinsam?

- Sie sind alle mit einer chronischen Entzündung verbunden.
- Das Immunsystem der betroffenen Patienten ist überaktiv oder massiv gestört.
- Bei der Therapie dieser Erkrankungen wird in erster Linie die Entzündungsreaktion unterdrückt.
- Zur Therapie dieser Erkrankungen muss das Medikament der Wahl über einen längeren Zeitraum eingenommen werden.
- Patienten, die unter einer dieser Krankheiten leiden, wünschen sich deshalb möglichst nebenwirkungsarme Medikamente.
- Bislang stehen für die Therapie dieser Krankheiten meist nur Cortison, NSAR, Antibiotika und Immunsuppressiva zur Verfügung.
- Bei allen genannten Krankheiten ist die Einnahme eines Medikaments, das gezielt nur die Leukotrienbildung hemmt, sinnvoll.

Daher wäre Boswelliasäure in all diesen Fällen theoretisch das Mittel der ersten Wahl, denn sie ist viel gezielter wirksam als andere Entzündungshemmer und eine Weihrauchtherapie hätte nach den bisherigen Erkenntnissen so gut wie keine Nebenwirkungen.

Doch bis zur Marktreife des Produkts ist es noch ein weiter Weg. Vorläufig bleiben die meisten Ärzte noch bei den als gesichert geltenden Standardtherapien mit Cortison, NSAR und anderen Entzündungshemmern, denn bislang ist in keinem EU-Land Weihrauch als Arzneimittel zugelassen.

Die folgenden Kapitel vergleichen die Standardtherapie und die Therapie mit Weihrauch. Nach den bisher vorliegenden klinischen Studien ist ein Extrakt aus dem indischen Weihrauchharz (Boswellia serrata) für die Therapie von chronischer Polyarthritis (CP) und chronisch entzündlichen Darmerkrankungen (CED) geeignet. Relativ gut untersucht ist auch die Anwendung von Boswelliasäure zur Behandlung von Hirntumoren.

KLINISCHE STUDIEN

Klinische Studien sind immer Studien an Menschen. Sie werden stationär oder ambulant und unter ärztlicher Aufsicht durchgeführt, wenn eine neue Substanz alle Vorprüfungen bestanden hat. Auch die „randomisierte, placebokontrollierte Doppelblindstudie" ist eine Studie an Menschen. Hinter diesem Wortungetüm verbirgt sich das Nonplusultra der Schulmedizin (Seite 24).
Randomisiert heißt: Es gibt zwei Gruppen, eine Behandlungs- und eine Vergleichsgruppe. Die beteiligten Testpersonen müssen zwar bestimmte Bedingungen erfüllen, ihre Zuteilung in eine der beiden Gruppen erfolgt jedoch nach dem Zufallsprinzip.
Placebokontrolliert heißt, dass die eine Gruppe das zu prüfende Medikament einnimmt, während die andere nur ein Placebo, ein wirkstofffreies Präparat, bekommt.
Doppelblind heißt: Weder der behandelnde Arzt noch der Patient weiß, ob ein Placebo verwendet wird oder nicht.

Chronische Polyarthritis

Bei der chronischen Polyarthritis ist die Gelenkinnenhaut ständig entzündet. Besonders betroffen sind zunächst die Fingergelenke, die Handgelenke, die Füße und die Knöchel. Jedoch können später auch andere Gelenke und die Wirbelsäule von der Entzündung befallen werden.

Im Vorstadium der Krankheit kommt es zu allgemeiner Abgeschlagenheit, Gewichtsverlust und Schweißausbrüchen. Morgens sind Hände und Füße oft für längere Zeit steif. Das zumindest trifft auf etwa 80 Prozent der Patienten zu. Die übrigen 20 Prozent entwickeln sofort akute Gelenkschwellungen mit heftigen Schmerzen und Morgensteifheit.

Die chronische Polyarthritis verläuft meist in Schüben. Jeder Schub hinterlässt Schäden an Knorpel und Knochen. Zuletzt kommt es in vielen Fällen zur Zerstörung und Verformung der betroffenen Gelenke. Deshalb raten die meisten Fachleute zu einer raschen und entschlossenen Therapie mit Cortison, um irreparable Schäden zu vermeiden.

Die chronische Polyarthritis ist eine Autoimmunerkrankung. Das Immunsystem wendet sich also gegen körpereigene Zellen, hier gegen ein unbekanntes Antigen in der Gelenkinnenhaut, wo die Krankheit zuerst ausbricht.

In Deutschland leiden über eine Million Menschen unter dieser tückischen Krankheit. Besonders Frauen sind betroffen. Ihr Immunsystem ist offenbar abwehrorientierter als das von Männern und daher auch anfälliger für Autoimmunerkrankungen. Frauen erkranken etwa dreimal so häufig an chronischer Polyarthritis wie Männer.

Auch bestimmte Erbfaktoren begünstigen den Ausbruch der Krankheit. Das heißt jedoch nicht, dass alle Menschen, die eine Veranlagung besitzen, auch erkranken und Symptome entwickeln. Lebensweise, Ernährung und Psyche beeinflussen den Krankheitsverlauf, sind aber nicht die Auslöser. Bei jedem Patienten verläuft die Krankheit anders, und sie sprechen unterschiedlich gut auf die verschiedenen Medikamente an.

Die Ursachen der Krankheit liegen bisher noch im Dunkeln. So bleibt letztlich nur die Möglichkeit, Schmerzen zu lindern und die Entzündung zu stoppen.

Standardtherapie

Cortison

Cortison spielt bei der Therapie der chronischen Polyarthritis eine zentrale Rolle. Akute Krankheitsschübe können mit Cortison wirksam unterdrückt werden, jedenfalls bei den meisten Patienten. Alles zum Thema Cortison lesen Sie auf den Seiten 37 f.

Klassische Rheumamittel (NSAR)

Wie NSAR das Entzündungsgeschehen beeinflussen und welche Nebenwirkungen sie haben, ist auf Seite 35 f. ausführlich beschrieben.

NSAR zählen zu den klassischen Rheumamitteln und wurden bei leichteren Beschwerden lange als Mittel der ersten Wahl eingesetzt. Wegen ihrer Nebenwirkungen im Magen-Darm-Bereich werden NSAR heute vor allem gegen entzündungsbedingte Schmerzen empfohlen und so oft wie möglich abgesetzt.

Basistherapie

Neben der Unterdrückung des Entzündungsgeschehens mit Cortison und NSAR versucht man, das Krankheitsbild mit Gold, Sulfasalazin und Malariamitteln zu beeinflussen. Den genauen Wirkmechanismus dieser so genannten Basistherapeutika in Bezug auf die chronische Polyarthritis kennt man nicht. Da sie manchen Menschen jedoch helfen, werden sie trotzdem verordnet.

Die Wirksamkeit von Gold und Sulfasalazin bei chronischer Polyarthritis wurde eher zufällig entdeckt. Goldinjektionen dienten in den zwanziger Jahren zur Behandlung der Tuberkulose, die von Mykobakterien ausgelöst wird. Wenig später glaubte man, die chronische Polyarthritis werde durch ähnliche Bakterien verursacht. Man setzte also auch hier Goldinjektionen ein, und zwar mit Erfolg.

1942 entwickelte man das Sulfasalazin®. Noch immer hielt man die chronische Polyarthritis für eine Infektion mit Bakterien. So kombinierte man die Wirkstoffe 5-Aminosalicylsäure (ein Entzündungshemmer) und Sulfapyridin (ein Sulfonamid, das das Bakterienwachstum hemmt). Auch das aus diesen Wirkstoffen zusammengesetzte Sulfasalazin hatte positive Auswirkungen auf den Verlauf der Krankheit.

Inzwischen weiß man, dass Bakterien bei der chronischen Polyarthritis keine Rolle spielen. Aber sowohl Gold als auch Sulfasalazin werden, da sie manchmal Erfolge zeigen, weiter zur Basistherapie verordnet. Gold und Sulfasalazin wirken erst nach einigen Wochen der Einnahme. Bei den Malariamitteln Chloroquin® und Hydroxychloroquin® ist der Wirkungseintritt erst nach drei bis sechs Monaten zu erwarten. Alle drei Basistherapeutika können von Nebenwirkungen begleitet sein, die eine Dauereinnahme problematisch erscheinen lassen.

Immunsuppression

Ähnlich wie das Cortison wirken auch andere Medikamente direkt auf das Immunsystem, so zum Beispiel Azathioprin® und Methotrexat®. Diese Immunsuppressiva vermindern überall im Körper und damit auch im Immunsystem die Zellvermehrung drastisch. Sie werden bei chronischer Polyarthritis manchmal als Basistherapeutika eingesetzt.

Azathioprin und Methotrexat stellen im Vergleich zu Cortison noch einmal eine Wirkungssteigerung in der Therapie von Erkrankungen wie der chronischen Polyarthritis dar. Ist Cortison ein Medikament, das sich zur Reparatur eines tropfenden Wasserhahnes so verhält, als würde man im Keller den Haupthahn zudrehen, so arbeiten diese beiden Zellgifte gleich am Abriss des ganzen Hauses.

Eine solche Radikalkur wird bei chronischer Polyarthritis vorgeschlagen, wenn alles andere versagt. Aber die Dosis ist erheblich niedriger als bei einer Tumorbehandlung, es reicht eine Einnahme pro Woche.

Azathioprin und Methotrexat wurden zur Vernichtung bösartiger Krebstumorzellen entwickelt. Hinter den beiden Namen verbirgt sich die gefürchtete „Chemotherapie“ mit Ihren schweren Nebenwirkungen: Neben totalem Haarausfall und häufigem Erbrechen kann jede noch so banale Infektion lebensgefährlich werden und muss deshalb unverzüglich mit Antibiotika, Antimykotika oder Virustatika bekämpft werden. Eine Schwangerschaft muss mit hundertprozentiger Sicherheit ausgeschlossen sein, da die Substanzen fruchtschädigend wirken können.

WAS IST EINE HOCHDOSIS-CHEMOTHERAPIE?

Klinische Versuche an einzelnen Patienten haben jetzt gezeigt, dass die Zukunft der Immunsuppression in einer kurzfristigen Hochdosistherapie liegen könnte. Bei einer solchen Therapie werden möglichst viele Immunzellen gezielt abgetötet. Darunter die Gedächtniszellen des Immunsystems, die sich an die Merkmale des für die Krankheit verantwortlichen Antigens erinnern und dafür sorgen, dass die Immunreaktion immer wieder abläuft und dadurch die Krankheit erneut ausbricht. Danach muss sich das Abwehrsystem neu aufbauen. Zu diesem Zweck werden dem Patienten vor der Therapie Blutzellen abgenommen und nach einem speziellen Verfahren gefiltert. Dieses Filtrat ist frei von fehlerhaft funktionierenden Elementen und wird dem Patienten nach der Chemotherapie injiziert. Der Wiederaufbau des Immunsystems kann beginnen.

Diese Therapievariante wurde von der Hämatologin Renate Arnold im Berliner Universitätsklinikum Charité erprobt. Das Verfahren zur Blutzellenaufbereitung wurde von Andreas Radbruch, dem Leiter des Deutschen Rheumaforschungszentrums in Berlin, entwickelt.

Weihrauchtherapie

Die ersten Studien zur Wirksamkeit von Weihrauch wurden an Patienten mit chronischer Polyarthritis durchgeführt. Insgesamt 260 Patienten in zehn Studien erhielten für ein bis maximal sechs Monate Weihrauchextrakt, allerdings zusätzlich zur Standardtherapie mit Cortison und anderen Rheumamitteln.

Unter diesen Kombinationstherapien kam es bei rund 60 Prozent der Patienten nach zwei bis drei Wochen zu einer Verminderung der Beschwerden. Schmerzen und Schwellungen gingen zurück, die Blutwerte normalisierten sich, die Morgensteifheit verging und die Schmerzmittel konnten langsam reduziert werden; der Gesundheitszustand verbesserte sich. Auch akute Krankheitsschübe wurden unter der Weihrauchtherapie seltener beobachtet.

Dabei zeigte sich auch, dass die Weihrauchtherapie nicht zur Behandlung akuter Schmerzen geeignet ist, also NSAR (Seite 35 f.) als Schmerzmittel nicht ersetzen kann. Erst, als durch die Weihrauchtherapie die Entzündung zurückging und damit auch die Schmerzen nachließen, konnte man die NSAR reduzieren oder ganz darauf verzichten. Auch die Cortisondosis wurde mit der Zeit herabgesetzt.

So wurde Weihrauch bei chronischer Polyarthritis zunächst nur als Ergänzung zu Cortison und NSAR erprobt. Doch es käme wohl auch als Ersatz für die so genannte Basistherapie mit Gold, Sulfasalazin und Malariamitteln in Betracht.

Allerdings gibt es auch weniger überzeugende Daten: Ausgerechnet eine der beiden placebokontrollierten Doppelblindstudien an 78 Patienten, die dreimal täglich 1200 Milligramm über drei Monate hinweg bekamen, ließ bei 36 Patienten keine positiven Effekte durch die Weihrauchbehandlung erkennen.

Es gibt offenbar noch zu wenige klinische Studien, um zu einem statistisch besseren Ergebnis zu gelangen. Unter dem Eindruck unzureichender Forschungsergebnisse spricht sich die Deutsche Gesellschaft für Rheumatologie gegen eine Weihrauchtherapie aus. Auch die Deutsche Rheumaliga (Adresse Seite 51) zeigt sich skeptisch, was den Nachweis der Wirksamkeit von Weihrauch anbelangt. Solange keine hieb- und stichfesten Studien vorliegen, raten die beiden Interessenverbände zur herkömmlichen Rheumatherapie.

Sie als Patientin oder Patient müssen nun selbst bestimmen, ob Sie aufgrund der vorliegenden Studienergebnisse trotzdem einen Versuch mit Weihrauch wagen wollen oder nicht. Die Entscheidung für einen solchen Versuch wird Ihnen umso leichter fallen,

- je schlechter es Ihnen geht und je unzufriedener Sie mit Ihrer bisherigen Therapie sind;
- wenn der Verlauf eher milde ist und Experimente zulässt;
- oder wenn die Krankheit gerade erst festgestellt wurde.

Letzteres ist bei den Rheumatologen allerdings sehr umstritten. Sie plädieren für einen möglichst frühzeitigen, hoch dosierten Einsatz von Cortison bei akuten Schüben. Die Dosis kann dann nach Abklingen der Entzündung langsam verringert werden.

NSAR gibt man heute vor allem bei entzündungsbedingten Schmerzen, die Basistherapeutika Gold, Sulfasalazin und Chloroquin werden ergänzend verordnet. Mit dieser medikamentösen Behandlung sollen von Beginn an Gelenkschäden vermieden werden.

Rund 80 Prozent der Erkrankten beobachten einen eher schleichenden Verlauf der chronischen Polyarthritis. Die schweren Gelenkschäden entwickeln sich in den ersten fünf Jahren der Krankheit.

Wenn nun Weihrauch so früh wie möglich und zusätzlich zum Cortison eingenommen würde, könnte man nach den bisherigen Erfahrungen damit erstens die Basistherapeutika ersetzen und zweitens gleich zu Beginn der Erkrankung die Cortisondosis sehr niedrig halten.

Auf diese Weise ließen sich Gelenkschäden verhindern und gleichzeitig die Nebenwirkungen der anderen Medikamente verringern. Auch NSAR wären wahrscheinlich verzichtbar, da die Entzündung durch die Weihrauchtherapie zurückginge und deshalb keine Schmerzen mehr aufträten. All diese Vorteile sollten einen intensiven, mehrmonatigen Versuch mit Weihrauch im Anfangsstadium der Krankheit wert sein.

Was Sie beachten sollten

- Besprechen Sie alles mit Ihrem Arzt, unternehmen Sie nichts im Alleingang. Falls Ihr Arzt nichts von der Sache hält und Sie sicher sind, dass Sie Weihrauch ausprobieren wollen, gehen Sie zu einem anderen. Mittlerweile gibt es in fast jeder größeren Stadt Allgemeinmediziner, die Naturheilverfahren aufgeschlossen gegenüberstehen und selbst daran interessiert sind, neue Therapien auszuprobieren.
- Nehmen Sie nicht irgendetwas ein. Viele der auf dem Markt befindlichen Weihrauchpräparate sind als Nahrungsergänzungsmittel deklariert. Sie unterliegen damit nicht den strengen Bestimmungen des Arzneimittelgesetzes, und die Kontrolle dieser Produkte liegt allein im Ermessen der Hersteller. Inhaltsstoffe und Wirkstoffgehalt können stark schwanken.
- Lassen Sie sich das Präparat vom Arzt verordnen und bestellen Sie es nur über die Apotheke. Welche von den derzeit angebotenen Mitteln in Betracht kommen, lesen Sie ab Seite 82.

Die in diesem Buch angegebene Wirkstoffkonzentration (Seite 54) muss in jedem Fall erreicht werden. Eine zu niedrige Dosis bewirkt nichts, und Sie sind lediglich um eine Enttäuschung reicher. Sie kann die Entzündung sogar noch verstärken, weil eine zu geringe Konzentration an Boswelliasäure die Leukotrienbildung stimuliert.

WEIHRAUCH BEI CHRONISCHER POLYARTHRITIS

In der zweiten Hälfte 1999 soll im Universitätsklinikum Charité in Berlin eine Studie an Rheuma-Patienten beginnen. Sie wird unter Leitung des ärztlichen Direktors, Prof. Dr. H. Kiesewetter, durchgeführt.

Universitätsklinikum Charité Berlin
Schumannstraße 20
10117 Berlin
Tel. 0 30/28 02-36 60
Fax 0 30/28 02-20 35

Morbus Crohn und Colitis ulcerosa

Die Colitis ulcerosa ist eine chronische Entzündung, die ausschließlich den Dickdarm befällt.

Beim Morbus Crohn kann dagegen der gesamte Verdauungstrakt in Mitleidenschaft gezogen werden, also Rachen, Speiseröhre, Magen, Dünn- und Dickdarm. Schwerpunkt der Entzündung ist jedoch häufig das Ileum, das ist der letzte Dünndarmabschnitt.

Da beide Krankheiten ein ähnliches Beschwerdebild hervorrufen, werden sie häufig zusammengefasst und mit CED (**c**hronisch-**e**ntzündliche **D**armerkrankungen) abgekürzt.

Chronisch entzündet ist die Darmschleimhaut, beim Morbus Crohn auch das darunter liegende Gewebe. Die Ursachen beider Krankheiten sind unbekannt. Man geht derzeit davon aus, dass Erbfaktoren eine Rolle spielen, aber nicht bei allen Menschen mit entsprechender Veranlagung bricht die Krankheit auch aus.

Gerade bei Morbus Crohn und Colitis ulcerosa wurde ein großer Einfluss der Psyche auf das Krankheitsgeschehen beobachtet. Lebensstil und Persönlichkeit des Patienten beeinflussen Ausbruch und Verlauf der CED viel stärker als bei anderen Erkrankungen.

Standardtherapie

Die akute Entzündung der Darmschleimhaut wird bei etwa 80 Prozent der Patienten durch die Gabe von Cortison zum Abklingen gebracht. Danach sollte das Cortison abgesetzt werden; allerdings entstehen bei etwa einem Drittel der Patienten cortisonabhängige Verläufe, weil sich bei ihnen der Darm sofort wieder entzündet, sobald sie das Cortison absetzen.

Nur 44 Prozent erreichen nach der Cortisonbehandlung einen stabilen Zustand, das heißt, die Entzündung klingt ab und die Darmschleimhaut erholt sich wieder. Therapieziel ist eine möglichst lange Dauer der beschwerdefreien Zeit, die als Remission bezeichnet wird. Remission bedeutet ein vorübergehendes Nachlassen der chronischen Krankheitszeichen ohne Erreichen der Genesung.

Dieses Therapieziel versucht man mit Sulfasalazin® oder Mesalazin® (Seite 58) zu erreichen, die hier – wie bei der chronischen Polyarthritis – als Entzündungshemmer eingesetzt werden.

Sulfasalazin oder Mesalazin sollen während der Remission permanent eingenommen werden. Ein Absetzen der Medikamente führt in der Regel bald zu weiteren akuten Schüben. Oft muss zusätzlich ein Antibiotikum gegeben werden, da es Bakterien relativ leicht fällt, sich auf der vorgeschädigten Darmschleimhaut festzusetzen und ins Gewebe einzudringen. Die nächste Entzündung wird damit unausweichlich.

Trotz der medikamentösen Therapie mit Entzündungshemmern und Antibiotika während der Remission kommt es immer wieder zu neuen Infektionen, die dann mit Cortison eingedämmt werden müssen. Gelingt es nicht, die Entzündung in den Griff zu bekommen, wird das Darmgewebe immer weiter zerstört.

Immunsuppression

Wenn Cortison nicht oder nicht mehr wirkt, wird die Immunsuppression mit Azathioprin® erwogen (Seite 59). Es gibt sogar Patienten, die gleichzeitig Cortison, Azathioprin, Mesalazin und noch ein Antibiotikum einnehmen, um den nächsten Entzündungsschub zu vermeiden.

Das Entzündungsgeschehen im Darm zu unterdrücken ist auch gar nicht so einfach, denn immerhin befinden sich hier 90 Prozent aller Immunzellen.

Der Darm ist das wichtigste Immunorgan des Körpers – ein Umstand, den die Schulmedizin immer noch viel zu wenig berücksichtigt. Wäre es anders, würde mehr Vorsorge betrieben, wäre die Darmgesundheit ein mindestens so zentrales Thema wie die Senkung des Cholesterinspiegels oder die Raucherentwöhnung.

Oft steht am Ende einer erfolglosen Arzneimitteltherapie bei chronisch-entzündlichen Darmerkrankungen der chirurgische Eingriff, also die Entfernung von Teilen des Dünndarms bei Morbus Crohn und die Entfernung des Dickdarms bei Colitis ulcerosa.

Alles in allem ist es ein Kampf mit ungeeigneten Waffen gegen eine unverstandene Krankheit. Wer möchte da nicht protestieren und Experimente mit der Alternativmedizin wagen? Die Schulmedizin hat den CED-Patienten nicht viel zu bieten. Es ist gerade bei chronisch-entzündlichen Darmerkrankungen unbedingt erforderlich, die Persönlichkeit des Patienten stärker zu berücksichtigen und ihm zusätzlich zu einer medikamentösen Therapie bei einer Ernährungsumstellung und einer Änderung seiner Lebensweise zu helfen.

Ein individuell abgestimmtes Therapiekonzept ist von zentraler Bedeutung, weil die Liste der möglichen Auslöser für neue Krankheitsschübe so lang ist: Bakterien und Viren, mit denen eine gesunde Darmschleimhaut leicht fertig werden würde, aber auch Partnerprobleme, beruflicher Stress und Lebensmittelunverträglichkeiten stehen im Verdacht, neue Schübe auszulösen. Erst wenn es gelingt, diese Faktoren bei jedem einzelnen Patienten zu bestimmen, kann die Therapie optimiert und eine höhere Lebensqualität erreicht werden.

Weihrauchtherapie

Da die Behandlungsergebnisse mit den derzeit verfügbaren Medikamenten alles andere als befriedigend sind, ist man wie bei der chronischen Polyarthritis ständig auf der Suche nach neuen Arzneistoffen.

Einer dieser neuen Arzneistoffe zur Therapie des Morbus Crohn und der Colitis ulcerosa könnte die Boswelliasäure sein.

Das jedenfalls lassen die bisherigen Forschungsergebnisse hoffen. Aber auch die Boswelliasäure beseitigt die Ursache der beiden Erkrankungen nicht, sondern unterdrückt nur die Entzündung. Das Gute ist, dass durch eine Weihrauchtherapie teilweise auf Cortison und ganz auf Sulfasalazin, Mesalazin, Azathioprin und Antibiotika verzichtet werden kann – das zumindest zeigt eine erste klinische Untersuchung. Die Studie an 34 Colitis-ulcerosa-Patienten erbrachte bei 27 Patienten eine Remission für die Dauer der Einnahme, in einer Kontrollgruppe mit 8 Patienten erreichten 6 eine Remission mit Sulfasalazin. Die Studie zeigt, dass Weihrauch und Sulfasalazin das Therapieziel Remission etwa gleich gut erreichen.

Die Therapie mit Weihrauch scheint also Erfolg zu versprechen. Während die klinische Forschung noch in den Kinderschuhen steckt, gibt es bereits ermutigende Erfahrungen aus der Praxis. Die Colitis-

Crohn-Ambulanz der Universitätsklinik Mannheim bietet seit einigen Jahren die Weihrauchtherapie an und meldet immer wieder Therapieerfolge. Denn bei zwei von drei Patienten wird – für die Dauer der Einnahme – die Entzündung mit Hilfe eines Weihrauchpräparats wirksam unterdrückt und damit die Remission erhalten.

In der Mannheimer Colitis-Crohn-Ambulanz konnte Cortison bei vielen Patienten deutlich reduziert und Sulfasalazin ganz abgesetzt werden. Vor allem aber ließen sich in einigen Fällen die für den Einzelnen so folgenschweren Darmoperationen verhindern.

EIN FALLBERICHT

„Im Oktober 1992 erkrankte unser Sohn, damals zwölf Jahre alt, an Colitis ulcerosa. Der schwere Krankheitsverlauf erforderte einen fünfmonatigen Krankenhausaufenthalt. Behandelt wurde er mit den üblichen Medikamenten, Cortison sowie einer sechswöchigen reinen Tropfernährung. Danach erfolgte die Ernährung nach einem entsprechenden Diätplan. Von da an verbrachte unser Sohn jährlich mehrere Wochen im Krankenhaus, bedingt durch wiederholte Rückfälle. Man kann sagen, dass ständiger Durchfall mit Blut- und Schleimbeimengungen den Krankheitsverlauf prägte – trotz der Gabe von mehr oder minder hoch dosierten Cortisonpräparaten. Wir versuchten eine Hypnosetherapie, die Akupunktur und eine Darmsanierung mit Colibakterien – alles ohne nennenswerten Erfolg. Zur Ernährung wäre zu sagen, dass Milch und sämtliche Milchprodukte sowie blähende Obst- und Gemüsesorten überhaupt nicht mehr vertragen und somit weggelassen wurden.
Während eines Kuraufenthalts im Sommer 1995 wurde ein Therapieversuch mit Budesonid®, einem neuartigen Cortisonpräparat, gemacht und bis heute fortgesetzt. Von nun an wurde auch ein Immunsuppressivum ständig verabreicht. Noch immer kam es zu keiner Verbesserung des Gesundheitszustands. Im Gegenteil: Ab Herbst 1995 setzten stetig zunehmende Rücken- und Gelenkschmerzen ein.
Ein Orthopäde stellte die Diagnose: Osteoporose (Knochendichte 49 Prozent) als Folge der ständigen Cortisongaben. Auf diese Diagnose

hin erfolgte wieder eine Krankenhauseinweisung. Im Krankenhaus kam es zu einem erneuten schweren Colitis-Schub. Man riet uns, die Entfernung des gesamten Dickdarms in Erwägung zu ziehen.
Im Mai 1996 erfuhren wir von der Weihrauchtherapie. Der behandelnde Internist und wir sahen diese Therapie als letzten Strohhalm vor einer eigentlich unausweichlichen Operation.
Wir wandten uns an die Colitis-Crohn-Ambulanz der Mannheimer Universitätsklinik. Dort machte man uns Mut, die Weihrauchtherapie zu versuchen. Die Krankenkasse übernahm glücklicherweise die Kosten.
Im Juli 1996 begann unser Sohn mit der Behandlung. Nach etwa vier Wochen besserte sich der Krankheitsverlauf deutlich. Dieser Wandel hält bis heute an. Der Junge ist inzwischen nahezu beschwerdefrei.
Es ist ein Zustand eingetreten, den wir nie und nimmer für möglich gehalten hätten. Die Stühle sind fest, von Blut und Schleim keine Spur. Unser Sohn trinkt wieder Milch – er isst all das wieder, was er so lange nicht vertragen hat. Die Cortisonmenge konnte drastisch vermindert werden, nur noch 10 Milligramm alle zwei Tage. Die Behandlungsergebnisse sprechen für sich und sind eindeutig auf die Weihrauchtherapie zurückzuführen.“

Die Adresse der Colitis-Crohn-Ambulanz lautet:
Colitis-Crohn-Ambulanz der Universität Mannheim
Dr. Henning Gerhard
Theodor-Kutzner-Ufer 1–3
68167 Mannheim
Tel. 06 21/3 83-35 92
Fax 06 21/3 83-21 87

Auch das Universitätsklinikum Charité in Berlin plant, gegen Ende 1999 eine Studie an CED-Patienten durchzuführen. Adresse siehe Seite 63.

Wenn Sie selber eine Weihrauchtherapie ausprobieren möchten, sollten Sie immer zuerst mit Ihrem Arzt darüber sprechen. Was Sie sonst noch beachten sollten, können Sie auf Seite 62 nachlesen.

Ernährung bei chronischen Darmerkrankungen

Richtig essen, aber was?

Ernährungshinweise für CED-Patienten sind besonders schwer zu geben. Viele von ihnen leiden an Mangelerscheinungen und sind sehr mager, andere haben ein ganz normales Gewicht.

In der Literatur werden alle möglichen Lebensmittel verdächtigt, das Krankheitsgeschehen ungünstig zu beeinflussen. Bei der Colitis ulcerosa stehen Milch und Milchprodukte an erster Stelle. Beim Morbus Crohn gesellen sich noch Zucker, Weizenmehl, Hefe, Mais, Wein, Eier, Zitrusfrüchte, Hülsenfrüchte, Bananen, Tomaten, Konservierungsmittel und andere Zusatzstoffe in Lebensmitteln als riskante Nahrungsmittel dazu.

Wegen widersprüchlicher Studienergebnisse lässt sich nicht sagen, ob und mit welcher Diät ein günstigerer Verlauf bei chronisch-entzündlichen Darmerkrankungen erreicht werden kann.

Es spricht aber vieles dafür, sich als Patient mit CED nicht irgendeiner Pauschaldiät zu unterziehen, sondern die bisherige Ernährungsweise kritisch zu überprüfen.

Eine bewusste, auf die individuellen Unverträglichkeiten abgestimmte Ernährung ist mit einem gewissen Aufwand und Selbstbeschränkung verbunden. Jeder Einkauf, jeder Restaurantbesuch wird zu einer Übung im „Nein danke"-Sagen.

Andererseits kann man aus der Not eine Tugend machen und frohen Herzens auf viele wirklich ungesunde Lebensmittel verzichten, zum Beispiel auf matschige Pommes, die nach altem Bratöl schmecken, auf wässriges, fades Fleisch, das neben Arzneimittelrückständen unter Umständen auch noch Krankheitserreger enthält, auf überzuckerte, pappige Kuchen, die jeden Hobbybäcker zum Weinen bringen, und auf vieles mehr, was es heute so zu kaufen gibt.

Wichtig ist, möglichst häufig frisch zubereitete Speisen zu essen und auf Dosenware, Fertiggerichte und Tütensuppen weitgehend zu verzichten. Diese Produkte enthalten sehr viele Lebensmittelzusatzstoffe, die den empfindlichen Darm unnötig belasten oder sogar stark reizen. Essen Sie viel Gemüse und bereiten Sie es immer frisch zu. Gewürze sind nicht tabu, verwenden Sie jedoch keine vorgefertigten Gewürzmischungen, die alles Mögliche enthalten können. Kaufen Sie nur ganze, ungemahlene Gewürze, die Sie selbst erst bei Gebrauch zerkleinern.

Das Dünsten ist dem Braten so oft wie möglich vorzuziehen. Probieren Sie aus, welche Speisen und welche Zubereitungsart Sie gut vertragen und welche nicht.

Haben Sie erst einmal einige gut verträgliche Speisen gefunden, die Ihnen schmecken, schützt Sie das auch davor, aus Angst vor den Folgen überhaupt nichts mehr zu essen. Und davor, bei Heißhungerattacken gerade das zu verschlingen, was Ihnen mit Sicherheit schaden wird.

Zucker bei Morbus Crohn

Süßigkeiten, Kuchen und Limonade sind bei den meisten Menschen sehr beliebt. Einige Studien haben gezeigt, dass Morbus-Crohn-Patienten vor Ausbruch ihrer Krankheit sogar überdurchschnittlich viel Süßes konsumiert haben.

Möglicherweise verändert sich durch viel Zucker die Darmschleimhaut so, dass die Krankheit schließlich ausbricht. Auch akute Schübe können durch zuckerreiche Ernährung begünstigt werden. Trotzdem ist der Zucker nur ein möglicher Auslöser. Allerdings schadet es nicht, weniger Zucker zu essen und genau zu beobachten, wie der Körper darauf reagiert.

Ausgewogene Ernährung?

Viele Ärzte raten ihren CED-Patienten zu einem ausgewogenen Speiseplan nach den Empfehlungen der Deutschen Gesellschaft für Ernährung.

Stärkehaltige Nahrungsmittel wie Brot, Getreide, Reis, Kartoffeln und Nudeln stellen die Basis einer ausgewogenen Ernährung dar. Es wird zudem empfohlen, täglich etwa fünf Portionen Obst und Gemüse zu essen. Zucker- und fettreiche Lebensmittel sollten hingegen möglichst sparsam verzehrt werden. Bei den Milchprodukten sind ebenso wie bei Wurst und Fleisch fettarme Varianten vorzuziehen, Fisch sollte zweimal wöchentlich auf dem Speiseplan stehen.

Diese Empfehlung ist jedoch pauschal und nur für Gesunde geeignet. Individuelle Unverträglichkeiten werden nicht berücksichtigt.

Dass trotzdem auch für CED-Patienten eine ausgewogene Ernährung empfohlen wird, zeigt, wie wenig manche Ärzte mit dem Thema Ernährung anfangen können. Da sie nicht wissen, ob oder welche Nahrungsmittel die Krankheit auslösen, stellen sie erst gar keine speziellen Regeln auf.

Noch gibt es also keine schulmedizinische Antwort auf die drängenden Fragen von CED-Kranken: Was löst bei mir einen akuten Schub der Krankheit aus und warum bekomme ich an dem einen Tag Durchfall und an dem anderen nicht?

Ausschlussdiät und Ernährungstagebuch

Die Ernährung ist einer der Schlüssel zum Verstehen des individuellen Krankheitsverlaufs. Aber zu Beginn der Erkrankung ist es so, als ob in einem Vokabelheft nur die fremden Vokabeln stehen und die Übersetzung noch fehlt. Die Vokabeln für die einzelnen Lebensmittel sind vorgegeben, und jeder muss selbst herausfinden, was Tomate, Bratwurst, Ananas oder Nudel in der Sprache seines Immunsystems heißt.

Darum schlagen manche Ärzte ihren Patienten vor, ein Ernährungstagebuch zu führen. Doch wie sollen Sie wissen, welches der vielen Lebensmittel, die sie im Lauf des Tages zu sich genommen haben, dann Abends einen akuten Schub auslöst? Noch schwerer ist es, einen der Inhaltsstoffe, der in den Lebensmitteln enthalten ist, als verantwortlichen Auslöser zu identifizieren.

Für die Ausschlussdiät werden einige Lebensmittel auf den täglichen Speiseplan gesetzt, die vom Patienten mit Sicherheit gut vertragen werden, die er gerne isst und die auch nach allgemeinen Maßstäben eher nicht zu den üblichen Verdächtigen gehören. Am Tag X wird dann für einige Zeit ein einziges neues Lebensmittel hinzugefügt und beobachtet, was passiert.

Es hat sich jedoch herausgestellt, dass sich Unverträglichkeiten im Verlauf der Erkrankung ändern, die Lebensmittel also immer wieder neu „geprüft“ werden müssen.

Passen Sie auf sich auf!

Die Selbstbeobachtung spielt bei chronisch-entzündlichen Darmerkrankungen eine wichtige Rolle. Niemand kann besser ermessen als Sie, welche Speisen Ihnen bekommen und welche nicht. Die Selbstbeobachtung hilft Ihnen dabei, Ihren Körper besser kennen zu lernen.

Beobachten Sie, wie Sie die Lebensmittel, die Sie essen, vertragen. Und schreiben Sie es auf. Was haben Sie gegessen, wie hat es Ihnen geschmeckt, wie war es zubereitet, wie haben Sie sich nach dem Essen gefühlt, wie war der darauf folgende Stuhlgang?

Besonders wichtig sind diese Daten vor einem akuten Schub, denn wenn der wirklich durch Nahrungsmittel ausgelöst wird, können Sie so noch am ehesten den Geheimcode knacken, nach dem Ihr Immunsystem die Vokabeln der Ernährung übersetzt.

Gesundes Essen kann auch gut schmecken

Meistens sind nur Ayurveda-Ärzte an den Ernährungsgewohnheiten ihrer Patienten interessiert. Sie verarbeiten alle Informationen und lassen sie in die Therapie mit einfließen.

Die Vorschläge, die ein Ayurveda-Arzt für eine Ernährungsumstellung macht, sind genau auf die Persönlichkeit des Patienten abgestimmt und berücksichtigen auch seine Vorlieben und Abneigungen gegen einzelne Speisen.

All dies ist mit allgemeinen Ernährungshinweisen oder Pauschaldiäten nicht möglich. Ayurveda verzichtet auch auf extreme Roh- und Vollwertkost, die besonders für Morbus-Crohn-Patienten gefährlich werden kann.

Wenig zubereitete und gegarte Kost kann schon bei Gesunden und erst recht bei Darmpatienten zu Verdauungsbeschwerden führen. Vor allem dann, wenn das Essen schlecht gekaut wird. Auch Produkte aus Vollkorngetreide sind für den kranken Darm eine schwere Prüfung. Die Verdauung verschiebt sich in die unteren Dünndarmabschnitte, oder unverdaute Nahrung erreicht den Dickdarm und verursacht dort Blähungen. In seltenen Fällen kann auf diese Weise sogar der gefürchtete Darmverschluss ausgelöst werden.

Ayurveda-Gerichte enthalten alles Wichtige, verzichten aber weitgehend auf Rohkost. Man kann sich stets satt essen. Auch maßvoller Fleischverzehr ist erlaubt. Dass es sich um eine überwiegend pflanzliche Ernährung handelt, ist positiv zu bewerten. Einige Studien haben gezeigt, dass pflanzliche Kost die Entzündungsaktivität deutlich senkt.

Ayurveda-Speisen sind meist gedünstet und damit im Vergleich zu Angebratenem besonders gut verträglich. Vor allem schmecken sie sehr gut. Die Rezepte kommen aus Indien, und den indischen Köchen verdanken die Vegetarier der Welt eine abwechslungsreiche Kost, die so viel zu bieten hat, dass man gar nichts vermisst. Wer allerdings die indische Küche nicht mögen sollte, kann die Gerichte auch auf europäische Art zubereiten.

Häufig wird vor den Gewürzen gewarnt, die der indischen Küche zu ihrem Ruhm verholfen haben. Aus dieser Vorsicht heraus schmecken hiesige vegetarische Gerichte oft nach Pappe, Freudlosigkeit und Langeweile. Verständlich, dass viele Kranke, die gern gut essen, vor einer solchen Ernährung zurückschrecken.

Dass Gewürze für Kranke schädlich sind, ist ein Vorurteil, das erst seit einigen Jahren durch richtungweisende Veröffentlichungen langsam aus der Welt geschafft wird. Es stimmt vielleicht, dass Chilis oder der daraus hergestellte Cayennepfeffer den Darm reizen, aber es stimmt nicht, dass kräftig gewürzte Speisen im Allgemeinen schaden und nur von Gesunden gegessen werden dürfen.

Im Gegenteil: Zahlreiche Studien mit Gewürzen wie Ingwer, Kurkuma, Kardamom, Gelbwurz, Nelken und Zimt belegen, dass Gewürze heilende Effekte haben und sich positiv auf die Gesundheit auswirken.

AYURVEDA-ÄRZTE IN DEUTSCHLAND

Es gibt in Deutschland etwa 50 Ayurveda-Ärzte, die bei der Deutschen Gesellschaft für Ayurveda registriert sind. Gegen einen mit 3 Mark frankierten Rückumschlag erhalten Sie eine Liste dieser Ärzte und weitere Informationen zu Ayurveda bei

Deutsche Gesellschaft für Ayurveda

Wildbadstraße 201, 56841 Traben-Trabach

Weihrauch bei anderen Erkrankungen: Denkmodelle

Behandlung von Autoimmunerkrankungen

Die Therapie von Autoimmunerkrankungen wie Diabetes vom Typ I, chronisch aktive Hepatitis oder Multiple Sklerose lässt sich in vier Gruppen einteilen, wobei die experimentellen Immuntherapien hier nicht besprochen werden. Ein Beispiel für eine experimentelle Therapie finden Sie jedoch auf Seite 60.

- Spezifische Therapie: Bei organspezifischen Autoimmunerkrankungen wird der vom geschädigten Organ nicht mehr ausreichend produzierte Stoff ersetzt, zum Beispiel das Insulin bei Diabetes vom Typ I.
- Immunsuppression: Bei Autoimmunerkrankungen, die viele Organe betreffen oder bei denen Schäden durch chronisch entzündete Gewebe zu erwarten sind, steht die Unterdrückung des Entzündungsprozesses im Vordergrund. Diese wird durch Immunsuppression erreicht, also durch Cortison oder durch Zellgifte wie Methotrexat oder Azathioprin (Seite 59).
- Basistherapie: Daneben versucht man, die Krankheit mit Medikamenten wie Gold, Sulfasalazin, Chloroquin oder D-Penicillamin langfristig zu beeinflussen. Sie helfen manchmal, aber nicht immer.

Beispiel Multiple Sklerose

Theoretisch kann bei allen Autoimmunerkrankungen zumindest eine ergänzende Weihrauchtherapie in Betracht gezogen werden. Dabei betritt man jedoch therapeutisches Niemandsland. Bei der Mulitiplen Sklerose besteht derzeit folgende Ausgangslage: Ihre Therapie unterliegt ohnehin dem Prinzip „Versuch und Irrtum“, es gibt also keinen Grund, nicht auch über eine Weihrauchtherapie nachzudenken.

Die Multiple Sklerose ist eine Erkrankung des zentralen Nervensystems. Es wurde immer wieder bezweifelt, ob es sich überhaupt um eine Autoimmunerkrankung handelt, da man keine entsprechenden Antikörper im Blut finden kann.

Bei Multipler Sklerose werden ebenfalls vermehrt Leukotriene gebildet. Auffällig ist, dass sie in Ländern mit hohem Fleischverzehr besonders häufig auftritt. Auch fand man im Nervenmark der Erkrankten nur ganz geringe Konzentrationen von ungesättigten Fettsäuren.

Die Multiple Sklerose verläuft in Schüben, und es ist sehr wichtig, den jeweils nächsten akuten Schub entweder zu verhindern oder drastisch abzukürzen, da bei jedem Schub Zellen im zentralen Nervensystem zerstört werden und es deshalb im Verlauf der Erkrankung zu immer stärkerer Körperbehinderung kommen kann.

Die Krankheit ist unberechenbar, in einigen Fällen gibt es eine Spontanheilung, in anderen verschlechtert sich der Gesundheitszustand unaufhaltsam.

Die derzeit eingesetzten Behandlungsmethoden sind nicht sicher wirksam und variieren von Patient zu Patient. Sie reichen von Ernährungsumstellung bis hin zur Immunmodulation.

Die Firma Schering versucht derzeit – nach einer viel versprechenden Studie an 718 Patienten – die Zulassung für Interferon-1b bei der Behandlung von Patienten mit fortgeschrittener Multipler Sklerose zu bekommen. Der Hersteller rechnet mit einer Zulassung noch 1999. Speziell für dieses Krankheitsbild wurde bisher noch kein einziges Arzneimittel zugelassen.

Cortison wird nur bei einem akuten Schub gegeben. Es verkürzt dessen Dauer und hilft so, das zentrale Nervensystem nicht noch weiter zu schädigen.

Unter diesen Bedingungen könnte man zwischen den Schüben eine Weihrauchtherapie in Betracht ziehen. So würde die Leukotrienbildung unterdrückt, und zwar auch während der Zeit, in der kein Cortison genommen wird.

Zusammen mit einer überwiegend pflanzlichen Kost könnte die Entzündung möglicherweise unter Kontrolle gebracht werden. Näheres zur Ernährung bei chronischen Entzündungen ab Seite 40.

Weihrauch bei Allergien?

Allergien werden in der Regel mit Antihistaminika behandelt. Sie hindern die Mastzellen daran, Histamin freizusetzen und so die allergische Reaktion einzuleiten.

Da jede allergische Reaktion auch eine Entzündungsreaktion ist, kommt es zu einer erhöhten Leukotrienbildung. Deshalb wird – genau wie bei chronischen Entzündungskrankheiten – bei besonders schweren Allergien Cortison verordnet, zum Beispiel bei allergischem Asthma.

Darüber hinaus wird versucht, den Patienten zu desensibilisieren, also in einer langwierigen Therapie seine Empfindlichkeit gegenüber dem auslösenden Allergen herabzusetzen. Diese Therapie erfordert viel Geduld seitens des Patienten und einen hervorragend geschulten Allergologen.

Eine Therapie mit Weihrauch könnte bei Allergien helfen, weil er wie das Cortison die Entzündungsaktivität unterdrückt und auf diese Weise den Krankheitsverlauf positiv beeinflusst. Studien dazu gibt es keine, allenfalls kursieren Einzelfallberichte, nach denen Weihrauch wahre Wunder vollbrachte.

Gute Aussichten

Positive Einzelfallberichte mit einem nach allen bisherigen Erfahrungen nahezu nebenwirkungsfreien, spezifisch wirksamen Entzündungshemmer sind kein Ersatz für die klinische Erprobung. Andererseits ermutigen sie zur Nachahmung.

Dabei ist der experimentierfreudige Patient zunächst völlig auf sich gestellt. Er muss erst einen Schulmediziner finden, der sich darauf einlässt, eine Multiple Sklerose, eine Pollenallergie, eine chronische Bronchitis oder eine Schuppenflechte mit Weihrauchtabletten zu behandeln. Ein Versuch lohnt sich vor allem bei

- Krankheiten, die in Schüben verlaufen und bei denen in beschwerdefreien Intervallen die bisherige Therapie versuchsweise durch eine Weihrauchtherapie ersetzt werden kann;

- Patienten, die unter massiven Cortison-Nebenwirkungen leiden und die deshalb danach trachten, so wenig wie möglich und vielleicht irgendwann gar kein Cortison mehr einzunehmen;
- Patienten, bei denen Cortison nicht oder nicht mehr hilft.

Experimente mit einer Weihrauchtherapie sollten nur in Absprache mit einem Arzt erfolgen, am besten mit einem Allgemeinmediziner oder Hausarzt, der dem Experiment positiv gegenübersteht, und sei es nur aus Neugier. Natürlich muss er die Risiken, die sich im Einzelfall ergeben könnten, beurteilen und dann zustimmen oder nicht.

Solche Experimente sind gut, um neuen Mut zu schöpfen. Vielleicht ist die Weihrauchtherapie der lang gesuchte erste Schritt zur Besserung. Auch wenn bisher nur für die Behandlung von Morbus Crohn, Colitis ulcerosa und chronischer Polyarthritis einige viel versprechende Daten aus der klinischen Prüfung vorliegen.

Da also therapeutisches Niemandsland betreten wird, sollte man mit Bedacht und gut geplant vorgehen, um sich vor überzogenen Erwartungen, Dummheiten und Betrug zu schützen.

Und damit trotz fehlender Studien keine unnötigen Zweifel aufkommen, soll nun die vielversprechendste klinische Studie zur Wirksamkeit von Weihrauch, die es zur Zeit überhaupt gibt, vorgestellt werden. Sie ist bisher die einzige, in der Weihrauch in direkter Konkurrenz zu Cortison eingesetzt wurde.

Die Studie fällt allerdings aus dem Rahmen der bisher besprochenen Erkrankungen, denn sie betrifft die Tumortherapie.

Erfolgreiche Studie bei Hirntumoren

Schon die Mediziner der frühen Hochkulturen und der Antike setzten Weihrauchharz gegen Geschwüre und Krebstumoren ein. Auch heute wird die Antitumorwirkung von Weihrauch wieder untersucht.

Eine wichtige Studie ist schon abgeschlossen: Der Pharmakologe Professor Thomas Simmet und seine Arbeitsgruppe an der Ruhr-Universität Bochum bekamen den Rudolf-Fritz-Weiß-Preis 1996 für den Nachweis, dass Leukotriene vom Typ B4 auch für die Bildung von Ödemen, also

Wasseransammlungen im Gewebe, zuständig sind. Ferner konnten die Forscher zeigen, dass sich diese Ödeme durch eine Weihrauchtherapie zurückbildeten.

Schon im Tierversuch ließen sich Ödeme mit Hilfe eines Weihrauchpräparats beseitigen. Aufsehen erregte dann ein klinischer Versuch am Menschen, den der Neurologe Dr. Michael Winking und seine Arbeitsgruppe an der Justus-Liebig-Universität Gießen durchführten:

29 Patienten mit einem bösartigen Hirntumor nahmen an dem Versuch teil. Bösartige Hirntumoren sind häufig von Ödemen umgeben. Diese Ödeme verursachen zusätzlich zu den tumorbedingten Beschwerden Schmerzen und neurologische Ausfälle, zum Beispiel Sprachstörungen oder Lähmungen. Sie werden derzeit nur mit Cortison behandelt.

In der Gießener Studie wurde vor Beginn der Behandlung das Cortison langsam abgesetzt. Danach erhielten die Patienten eine Woche lang ein Weihrauchpräparat in unterschiedlicher Dosierung.

Eine deutliche Besserung trat nur bei den Patienten ein, die dreimal täglich 1200 Milligramm einnahmen. Nach sieben Tagen hatte sich der Umfang der Hirnödeme um durchschnittlich 30 Prozent vermindert.

Am achten Tag des Versuchs sollten alle Patienten operiert werden. Da entdeckten die Neurologen eine zweite Sensation: Bei der Hälfte der Patienten war der Tumor viel kleiner geworden. Also greift das verwendete Weihrauchpräparat auch die Tumorzellen selbst an. In der Kontrollgruppe, die weiter Cortison (Dexamethason®) verabreicht bekommen hatte, waren nur bei sieben Prozent der Patienten Teile des Tumorgewebes abgestorben.

Behandelt wurden nur Astrozytome. Das sind Hirntumoren, bei denen es vier Schweregrade gibt. Der vierte Grad wird auch als Glioblastom bezeichnet. Patienten, die sich in diesem Stadium befinden, haben in der Regel nur noch eine Lebenserwartung von etwa einem Jahr nach der Operation und der anschließenden Chemotherapie.

Durch diese Studie wurde im Prinzip zum ersten Mal gezeigt, dass Weihrauch auch ohne eine gleichzeitige Cortisongabe einen deutlichen Effekt hat. Er führte sowohl zum Abschwellen der Ödeme bei Hirntumoren als auch zur Verkleinerung des Tumors selbst. Daraus ergibt sich für die Zukunft:

- Weihrauch könnte Cortison ersetzen.
- Weihrauch könnte nach entsprechenden Studien auch in der Krebstherapie eine Rolle spielen.
- Weihrauch käme auch zur Behandlung anderer Krankheiten, bei denen sich Ödeme bilden, in Frage.

Weihrauch bei Venenleiden?

Wäre das nicht eine gute Nachricht: Weihrauch macht Schluss mit müden, geschwollenen und schmerzenden Beinen? Millionen von Frauen leiden unter einer Venenschwäche. Sie alle wären für ein wirklich hilfreiches, nebenwirkungsarmes Mittel dankbar. Es gibt drei Anhaltspunkte für eine erfolgreiche Weihrauchtherapie bei Venenleiden, Krampfadern und ihren Vorstufen:

1. In der Fachliteratur wird das so genannte Capillary leak syndrome (das heißt übersetzt Gefäß- und Venenschwäche) als Krankheit mit erhöhter Leukotrienbildung bezeichnet. Dadurch ergibt sich auch bei dieser Erkrankung ein Ansatzpunkt für die im Weihrauchharz enthaltene Boswelliasäure.

2. Wie die soeben vorgestellte Studie mit Hirntumorpatienten zeigt, wirkt Weihrauch gegen Wasseransammlungen im Gewebe.

3. In der Ayurveda-Medizin gehört Weihrauch zur Gruppe der herben und zusammenziehenden Heilmittel. Er kühlt, saugt auf und trocknet aus, macht leicht und klar.

All diese Eigenschaften würde man sich auch von einem Venentherapeutikum wünschen.

Weihrauch bei Asthma bronchiale?

Asthmatiker leiden unter einer Überaktivität der Bronchialmuskulatur, deren Ursache eine immer wiederkehrende Entzündung der Bronchien ist. Die Bronchien sind Teil der Atemwege. Sie bilden die Fortsetzung der Luftröhre im Gewebe der Lungenflügel und verzweigen sich dort. Die Bronchien sind mit einer Schleimhaut ausgekleidet, in der sehr viele Mastzellen angesiedelt sind.

Die Entzündung dieser Schleimhaut wird durch eine allergische Reaktion ausgelöst. Normalerweise harmlose Außenreize wie Blütenpollen oder Hausstaub, aber auch Industrieabgase und Medikamentenallergien bringen aus noch ungeklärten Gründen das Immunsystem dazu, Immunglobulin E (IgE) zu produzieren (Seite 29 f.).

Diese heften sich an die Mastzellen in der Bronchialschleimhaut. Bei jedem Kontakt mit einem Allergen, das vom Immunsystem als feindlich eingestuft worden ist, werden die Mastzellen aktiviert und geben entzündungsauslösende Stoffe an das umliegende Gewebe ab. Mit von der Partie ist wieder die Arachidonsäure (Seite 29 f.), aus der Leukotriene gebildet werden.

Bei den Leukotrienen gibt es verschiedene Untergruppen mit unterschiedlichen Auswirkungen: neben dem Typ B4 noch C4, D4 und E4. Letztere bewirken die krampfartige Verengung der Bronchien und die Atemnot, von denen der Asthmaanfall begleitet ist. Auch die vermehrte Schleimbildung in den Bronchien geht auf ihr Konto.

Die Pharmaindustrie versucht seit einigen Jahren, so genannte Anti-Leukotriene zu entwickeln, mit denen die Bildung aller aus Arachidonsäure entstehenden Leukotriene gestoppt werden kann.

Für einen dieser neuen Arzneistoffe, das Zileuton®, wurde jetzt in den USA die Zulassung als Asthmamittel beantragt. Allerdings hat es schwere Nebenwirkungen: Bei etwa drei Prozent der Patienten kommt es in den ersten drei Monaten der Behandlung zu einer durch das Medikament ausgelösten Leberentzündung. Auch Beschwerden im Magen-Darm-Bereich treten auf.

Diese Nebenwirkungen sind besonders dann nicht akzeptabel, wenn man die Leukotrienbildung auch anders hemmen könnte. Zum Beispiel mit Weihrauch (Seite 35 f.). Boswelliasäure verhindert wie das Zileuton die Bildung der Leukotriene B4, C4, D4 und E4 aus der Arachidonsäure und ist damit ein idealer Anwärter für die Behandlung des Asthma bronchiale.

Wie bei vielen anderen Entzündungen wird auch bei Asthma Cortison eingesetzt. Meist braucht es als Spray nur eingeatmet zu werden und ist dadurch sofort am Wirkort. Schon mit einer extrem niedrigen Dosis erreicht man sehr viel. Die Nebenwirkungen sind entsprechend gering und gut vertretbar.

Wozu dann noch Weihrauch? Nicht bei allen Asthmatikern reicht die Inhalation aus. Sie müssen zusätzlich Cortisontabletten einnehmen, um die Entzündung effektiv zu unterdrücken. In diesen Fällen könnte eine ergänzende Weihrauchtherapie helfen, mit weniger Cortison auszukommen und beim akuten Asthmaanfall nur auf ein Spray zurückgreifen zu müssen.

WEIHRAUCH BEI ASTHMA BRONCHIALE

In der zweiten Hälfte 1999 soll im Universitätsklinikum Charité in Berlin eine Studie an Asthma-Patienten beginnen. Sie wird unter Leitung des ärztlichen Direktors, Prof. Dr. H. Kiesewetter, durchgeführt.

Universitätsklinikum Charité Berlin
Schumannstraße 20
10117 Berlin
Tel. 0 30/28 02-36 60
Fax 0 30/28 02-20 35

Der Weihrauchmittelmarkt

Seit der Weihrauch als Heilmittel wieder entdeckt wurde, sind Weihrauchharz, Weihrauchöl, Weihrauchsalben und homöopathische Zubereitungen mit Weihrauch per Versandhandel oder in Fachgeschäften für die Selbstbehandlung erhältlich.

Das ist verständlich, hat aber im Wesentlichen etwas damit zu tun, dass Geschäftsleute eben Geschäfte machen wollen. Da kommt der Weihrauch als Hansdampf in allen Gassen gerade recht. Ob als Massageöl, Raumluftverbesserer oder Wundsalbe – der Warenvielfalt sind keine Grenzen gesetzt.

Das hat natürlich kaum etwas mit einer seriösen medizinischen Anwendung zu tun. Im Gegenteil: Durch inflationären Einsatz gegen alle möglichen Wehwehchen verschlissen, wird Weihrauch als wirksames Therapeutikum bald von niemandem mehr ernst genommen.

Eine besondere Gefahr stellt die Selbstbehandlung dar. Weihrauchkapseln und -tabletten werden vielfach als Nahrungsergänzungsmittel angeboten, jeder kann sie bestellen und einnehmen.

Die Enttäuschung ist vorprogrammiert, denn die auf dem Markt befindlichen Präparate können alles Mögliche enthalten:

- keinen oder zu wenig Wirkstoff,
- nicht deklarierte Füllstoffe,
- Verunreinigungen (zum Beispiel Schwermetalle),
- von Packung zu Packung abweichende Wirkstoffmengen.

Umfrageergebnisse zeigen immer wieder, dass pflanzliche Heilmittel im Vergleich zu „chemischen“ als ungefährlich und nebenwirkungsarm eingestuft werden. Mit einer „sanften“ Medizin meint man, auf der sicheren Seite zu stehen. Das ist pauschal und zum Teil auch gefährlich. Beachten Sie deshalb bitte Folgendes:

- Beliebiges Herumdoktern mit frei verkäuflichen Heilmitteln ist umso riskanter, je ernster Ihre Erkrankung ist.
- Bei Produkten, die als Nahrungsergänzungsmittel deklariert sind, ist die pharmazeutische Qualität und damit die Wirksamkeit nicht gesichert.

Homöopathische Heilmittel

In der Homöopathie wird Weihrauch schon seit langem verwendet. Es gibt viele Mittel, die nur Weihrauch enthalten, zusätzlich werden aber auch Zubereitungen aus Weihrauch und vor allem Gold angeboten, denen auch noch ein klein wenig Myrrhe beigegeben ist. Bei diesen Zubereitungen würde der therapeutische Effekt auf drei Substanzen beruhen.

Die Homöopathie arbeitet mit Verdünnungen: zweifachen, zehnfachen, hundertfachen, tausendfachen. Je stärker die Verdünnung, umso weniger Ausgangssubstanz ist nachweisbar.

Eine Tablette mit 400 Milligramm Weihrauchextrakt kann darum nicht mit homöopathischen Tropfen, Globuli oder Injektionen verglichen werden, die Weihrauch nur noch in starker Verdünnung enthalten.

Wie homöopathische Heilmittel wirken, ist für den Schulmediziner rational nicht nachvollziehbar. Trotzdem hat die Homöopathie unbestreitbare Erfolge aufzuweisen und gibt damit wertvolle Hinweise auf heute noch unentdeckte Gesetzmäßigkeiten bei der Therapie schwer heilbarer Krankheiten.

Sollte ein homöopathisches Mittel gerade bei Ihnen wirken, umso besser. Die Entscheidung für die Homöopathie ist jedoch der Aufbruch in einen ganz anderen Therapiekosmos, auf den Sie sich in einer besonderen Weise einlassen müssen, für den Sie sozusagen eine andere geistige Ausrüstung brauchen. Die Argumente, die Ihnen dieses Buch liefert, müssen Sie an der Grenze zu diesem Kosmos zurücklassen, damit Sie sich dort möglichst unvoreingenommen mit ganz anderen Ideen von Krankheit und Heilung auseinander setzen können.

Die Homöopathie ist jedoch unter gar keinen Umständen zum wahllosen Konsum geeignet und keine Therapie, die im Rahmen der Selbstbehandlung betrieben werden sollte.

Anforderungen an ein seriöses Produkt

In diesem Buch wird Ihnen die Therapie mit Weihrauch bei schweren, chronischen Erkrankungen vorgestellt. Für die Therapie dieser Erkrankungen gilt: Das Arzneimittel, das Sie einnehmen, wird Sie vielleicht für viele Jahre Ihres Lebens begleiten. Denn sobald Sie es absetzen, kann die Entzündung erneut aufflammen und sich dadurch Ihr Gesundheitszustand wieder verschlechtern. Wenn ein Medikament jahrelang eingenommen werden muss, sollte es drei Bedingungen erfüllen:

1. Es sollte die Symptome der Krankheit so effektiv wie möglich unterdrücken.
2. Der therapeutische Nutzen sollte auch bei Daueranwendung die möglichen Risiken überwiegen.
3. Es sollte von gleich bleibender pharmazeutischer Qualität sein.

Nun ist mit der Acetyl-11-keto-β-Boswelliasäure (AKBA) ein Wirkstoff gefunden worden, der den Entzündungsprozess effektiv unterdrückt und so gut wie keine Nebenwirkungen zu haben scheint. Viele der bisherigen Forschungsergebnisse zeigen das. Wenn es sich noch durch weitere klinische Prüfungen bestätigen lässt, sind die Punkte eins und zwei erfüllt.

Bleibt Punkt drei. Hier haben die Hersteller von pflanzlichen Heilmitteln immer wieder Probleme:

- Der Wirkstoffgehalt pro Tablette oder Kapsel unterliegt natürlichen Schwankungen, denn jede Pflanze ist anders. Auch Weihrauchpräparate können bei gleichem Gewicht mal mehr und mal weniger Boswelliasäuren enthalten.
- Der Wirkstoff ist noch nicht standardisiert. Mit den verschiedenen Weihrauchpräparaten ist es zur Zeit wie mit einer Tasse Instantkaffee und einer Tasse Espresso: Beides ist Kaffee und kann gleich viel Koffein enthalten, aber Zusammensetzung und Charakter sind völlig verschieden. Nimmt man als Ausgangsbasis für ein optimales Weihrauchpräparat die von Professor Ammon in Tübingen untersuchte indische Probe, so kämen als zukünftiges Arzneimittel nur Weihrauchpräparate in Betracht, die möglichst genauso zusammengesetzt sind. Da man aber zum

gegenwärtigen Zeitpunkt noch gar nicht sicher sein kann, ob genau dieser Extrakt der denkbar beste ist, oder ob es vielleicht noch einen besseren gibt, ist an eine Standardisierung noch gar nicht zu denken.

- Es kommt zu Verunreinigungen. Immer wieder hört oder liest man von der Schwermetallbelastung pflanzlicher Heilmittel. Sie ist umweltbedingt. Die Metalle gelangen über den Boden in die Pflanze.

Auch die „Verpackung" des Wirkstoffs, seine Galenik, ist von großer Bedeutung. Nicht jedes Herstellungsverfahren liefert hohe Konzentrationen der kostbaren Boswelliasäure. Nicht jede Darreichungsform sorgt dafür, dass der Wirkstoff optimal ins Blut aufgenommen und dann zu seinem Wirkort im Körper transportiert wird. Man spricht in diesem Zusammenhang von einer guten beziehungsweise einer schlechten Bioverfügbarkeit.

Derzeit werden Weihrauchpräparate entweder in Tablettenform oder als Hartgelatinekapseln angeboten. Die Gelatinekapsel hat viele Vorteile: Sie lässt sich leichter hinunterschlucken, sie ist geschmacksneutral und der Wirkstoff kann ohne Zusatzstoffe verfüllt werden. Erst, wenn die Verdauungsenzyme die Gelatineschicht aufgelöst haben, wird der Wirkstoff im Magen langsam freigesetzt. Bei Morbus Crohn oder Colitis ulcerosa wären jedoch magensaftresistente Kapseln besser geeignet. Dann würde die Kapsel mit ihrem Inhalt bis in den Darm gelangen und der Wirkstoff erst dort resorbiert. Die Tablette dagegen hat einige Nachteile:

- Sie ist nicht geschmacksneutral. Wer eine Weihrauchtablette schluckt, hat den Nachgeschmack des Wirkstoffs für ein paar Minuten auf der Zunge. Das ist kein Problem, wenn man den Geschmack angenehm findet. Wenn nicht, wird die Tablette weniger gut akzeptiert.
- Boswelliasäuren sind empfindlich. Während sie in ihrer natürlichen Umgebung, also im Weihrauchharz, gut aufgehoben sind und auch die Weiterverarbeitung zu Pulver noch gut überstehen dürften, fragt es sich, ob sie unter dem Druck, der beim Tablettieren entsteht, nicht teilweise zerstört werden.
- Beim Herausdrücken aus der Blisterpackung kann die Tablette zerbrechen. Da die scharfen, stellenweise spitzen Bruchkanten sehr schlecht

durch die Speiseröhre gleiten und ein unangenehmes Gefühl hervorrufen, sollten zerbrochene Tabletten nicht mehr geschluckt werden. Durch unbrauchbar gewordene Tabletten hat der Verbraucher finanzielle Einbußen.

- Beim Tablettieren müssen Hilfsstoffe zugesetzt werden. Eine Weihrauchtablette mit 400 Milligramm Wirkstoff enthält noch etwa 200 Milligramm Hilfsstoffe. Diese Hilfsstoffe werden auf dem Beipackzettel nicht aufgeführt. So schluckt der Patient Unnötiges, über das er nicht informiert wurde.

Die Ergebnisse und Schlussfolgerungen in diesem Buch basieren auf der wissenschaftlichen Prüfung des von Professor Ammon mitgebrachten Weihrauchextrakts aus dem indischen Weihrauchbaum Boswellia serrata (Seite 53 f.). Und auf H 15 Ayurmedica, das von der indischen Firma Gufic in Bombay hergestellt und über die Schweizer Firma Ebi-Pharm vertrieben wird. Die Firma gibt an, H 15 nach einem speziellen ayurvedischen Herstellungsverfahren anzufertigen. Nur dieses Verfahren sichere die besondere therapeutische Qualität des Produkts.

Das klingt stark nach Werbung. Sicher falsch ist die Behauptung, nur Boswellia serrata vom indischen Weihrauchbaum habe entzündungshemmende Wirkung. Der Tübinger Pharmakologe Ammon, der Boswellia serrata so eingehend untersucht hat, räumte mittlerweile ein, dass auch Boswellia carteri aus Afrika entzündungshemmendes Potential hat, also AKBA enthält.

Abgesehen davon wird H 15 als Tablette angeboten. Es vereinigt also die genannten Nachteile dieser Darreichungsform. Da es jedoch zur Zeit eine Art von Monopolstellung hat und in klinischen Tests geprüft wurde, kommt man daran nicht vorbei.

Zu H 15 könnte es bald eine Alternative geben, denn der Apotheker und Toxikologe Dr. Charles Fernando aus Kraichtal-Gochsheim brachte Ende 1998 ein eigenes Produkt, also eine Rezepturherstellung aus der Apotheke, in vier klinischen Studien am Universitätsklinikum Charité Berlin unter. Die Studienleitung hat der ärztliche Direktor, Professor Dr. H. Kiesewetter. Ab Mitte 1999 werden die Olibanum-Kapseln an Patienten mit chronischer Polyarthritis, Morbus Crohn, Colitis ulcerosa, Asthma und Migräne getestet. Sie enthalten im Gegensatz zu H 15 ausschließlich Boswellia carteri, das Harz des afrikanischen Weihrauchbaums.

Der Kraichtaler Apotheker hat schon etliche Erfahrungen mit seinen Olibanum-Kapseln gesammelt. In Kooperation mit Ärzten und Kliniken in ganz Deutschland hat er mittlerweile einen festen Kundenstamm von 600 Patienten, die sich seine Kapseln auf ärztliche Verordnung hin herstellen lassen.

Dennoch bleibt auch H 15 weiter in der Diskussion. Es wird wahrscheinlich das erste Weihrauchpräparat sein, das als standardisiertes Fertigarzneimittel in Deutschland auf den Markt kommt. Näheres dazu lesen Sie ab Seite 88.

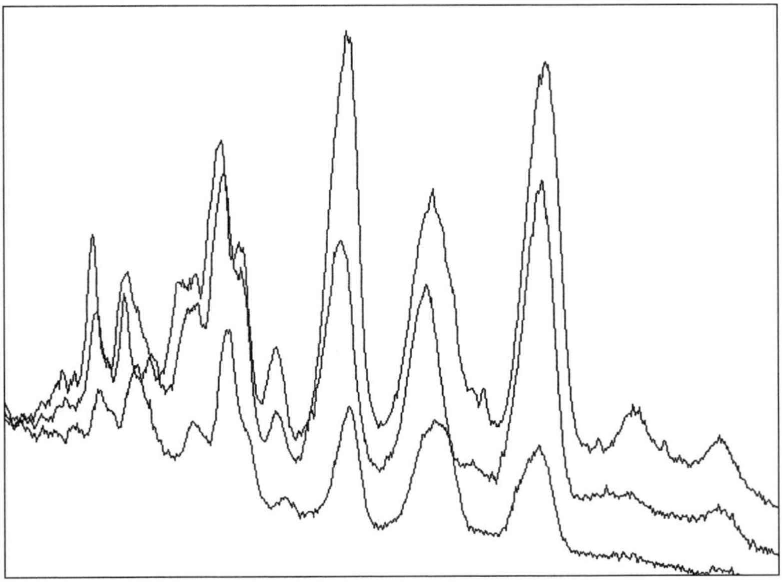

Der Wirkstoffgehalt von drei Weihrauchmittelproben: Probe 1 (hintere Kurve) enthält am meisten Wirkstoff, Probe 2 (mittlere Kurve) schon deutlich weniger. Probe 3 (vordere Kurve) enthält kaum noch Boswelliasäure. Auf der Verpackung aller drei Produkte waren 400 mg Boswellia serrata pro Kapsel/Tablette angegeben. (Grafik: Dr. Angelika Koch)

H 15 ist ein in mehreren Studien geprüftes Präparat und es hat gute Erfolge vorzuweisen. Trotzdem wäre ein noch weiter optimiertes Produkt wünschenswert. Für H 15 spricht nach wie vor, dass sein Gehalt an Boswelliasäuren mit dem von Professor Ammon im Labor getesteten Weihrauchextrakt wahrscheinlich weitgehend übereinstimmt. Das ergab eine Untersuchung, die von zwei Analytikerinnen, Dr. Angelika Koch, Hamburg, und Elke Hahn-Deinstrop, Eckental, durchgeführt wurde.

Im Harz des afrikanischen Weihrauchbaums Boswellia carteri stellten sie ebenfalls einen großen Anteil an Boswelliasäuren fest. Das Harz des afrikanischen Weihrauchbaums ist also für die Herstellung eines Weihrauchpräparats ebenso geeignet wie Boswellia serrata.

Ferner anaysierten sie zwei Proben von Nahrungsergänzungsmitteln, auf deren Verpackung ein Gehalt von 400 Milligramm Boswellia serrata pro Kapsel angegeben war. Die Abbildung auf Seite 87 zeigt H 15 und die beiden Nahrungsergänzungsmittel im Vergleich: Während die eine Kapsel schon deutlich weniger Wirkstoff als H 15 enthält, bleibt bei der zweiten der Gehalt ganz drastisch hinter den auf der Verpackung gemachten Angaben zurück.

Die Rechtslage

Jeder Apotheker darf auf eine Einzelverordnung des behandelnden Arztes hin Weihrauchharz bestellen, pulverisieren, in Kapseln füllen und diese Rezeptur dann an den Patienten abgeben. Das ist legal. Die Rezepturherstellung hat jedoch in diesem Fall ihre Tücken, da der Apotheker nicht ohne weiteres feststellen kann, ob die von ihm eingekaufte Ware die gewünschte Menge und Konzentration an Boswelliasäuren enthält. Die Apothekenrezeptur ist also nur dann eine Alternative zum standardisierten Fertigarzneimittel, wenn der Apotheker die Einhaltung der Standards garantieren kann.

Fertigarzneimittel sind fabrikmäßig hergestellte Medikamente, die mit dem Versprechen, sie wirkten gegen diese oder jene Krankheit, auf den Markt gebracht werden. Die Abgabe von nicht zugelassenen Fertigarzneimitteln ist illegal. Um dieses Abgabeverbot zu umgehen, deklarieren einige Firmen ihre Weihrauchprodukte als Nahrungsergänzungsmittel.

Nur der Hersteller von H 15 gab bisher bekannt, dass er sich um eine Zulassung seines Produkts als Arzneimittel bemüht. Sobald er sie hat, wäre das Präparat auch in Deutschland zugelassen und seine Kosten würden von den gesetzlichen Krankenkassen erstattet.

Vorläufig jedoch ist diese Zulassung nicht in Sicht. Weihrauch wurde von der zuständigen Behörde als „unbekanntes" Arzneimittel eingestuft, weshalb er erst alle Phasen der klinischen Prüfung durchlaufen muss, bevor er hier zugelassen wird. Das kann Jahre dauern.

Für jeden Anwendungsbereich muss ein gesonderter Zulassungsantrag gestellt werden, müssen erfolgreich abgeschlossene klinische Studien vorgelegt werden. Es nützt der Herstellerfirma nichts, wenn sie darauf hinweist, dass bei all den verschiedenen Anwendungsbereichen doch immer dasselbe Wirkprinzip zur Geltung kommt.

Deshalb wurde der Zulassungsantrag zunächst auf chronisch-entzündliche Darmerkrankungen, Hirnödeme, Hirntumoren und chronische Polyarthritis beschränkt, obwohl Weihrauch auch bei vielen anderen Erkrankungen helfen könnte.

Nach den Maßstäben des Arzneimittelgesetzes (AMG) ist die Wirksamkeit und Unbedenklichkeit von H 15 noch nicht nachgewiesen. Auch der Import durch die hiesigen Apotheken ist nach § 73 Absatz 3 AMG nur unter bestimmten Bedingungen zulässig.

Nach § 73 Absatz 3 darf H 15 aus dem Ausland importiert werden, wenn es dort verkehrsfähig ist. Das ist in Indien der Fall, wo es im ganzen Land von Ärzten verordnet und in Apotheken abgegeben wird. Das indische Produkt ist aber bei uns nur mit indischem Beipackzettel zugelassen. Trägt es einen deutschsprachigen Beipackzettel, deutet das darauf hin, dass der Hersteller speziell für den deutschen Markt produziert, ohne hier eine Zulassung zu haben. Das wiederum ist nicht erlaubt. Doch wer macht sich schon die Mühe, Beipackzettel zu kontrollieren? Eine jüngst in der Apotheke bestellte Packung H 15 trug ein deutsch-französisches Exemplar. Irgendwo unterwegs tauscht wohl jemand die Beipackzettel aus …

Die gesetzlichen Krankenkassen erstatten die Kosten einer Weihrauchtherapie nur in seltenen Fällen, die privaten Kassen sind etwas kulanter. H 15 wird nur auf Privatrezept verordnet und dann vom Apotheker bestellt.

Was kostet die Weihrauchtherapie?

Eine Schachtel H 15 mit hundert Tabletten kostet rund 145 Mark. Bei einem Verbrauch von dreimal täglich einer Kapsel ist das eine monatliche Belastung von rund 130 Mark.

Etwas preisgünstiger sind die Nahrungsergänzungsmittel. Sie kosten zwischen 78 und 98 Mark für hundert Kapseln mit 400 mg Boswellia serrata. Bei Abnahme von mehreren Packungen reduziert sich der Preis noch.

Geradezu alarmierend niedrig erschien zunächst ein Preis von 59 Mark für 100 Tabletten. Hier wurde allerdings auch der sonst übliche Gehalt von 400 mg Weihrauchextrakt pro Tablette auf 100 mg gesenkt. Will man damit die derzeit empfohlene Mindestdosis von 1200 mg pro Tag erreichen, sind 12 Tabletten nötig. So wird das scheinbar preisgünstigste Produkt zur teuersten Kur. 236 Mark pro Monat müsste man hinlegen, um die Mindestdosis nicht zu unterschreiten.

Nahrungsergänzungsmittel im Rahmen der Selbstbehandlung sind bei der Therapie ernster Erkrankungen abzulehnen. Sie unterliegen nicht dem Arzneimittelgesetz, das den Verbraucher vor unlauteren Machenschaften schützen soll, ihr Wirkstoffgehalt kann schwanken (siehe Grafik Seite 87) und sie können mehr oder weniger starke Verunreinigungen aufweisen. Die Zusammensetzung und die regelmäßige Kontrolle der Produkte liegt allein im Ermessen der Hersteller.

Weihrauch als Hausmittel

Weihrauch wird – mit Verweis auf seine jahrtausendealte Tradition – häufig zum Reinigen der Luft angepriesen.

Das ist im Prinzip eine gute Idee. Durch einige chemische Analysen wurde die desinfizierende Wirkung des Weihräucherns nachgewiesen.

Theoretisch könnte man überall da, wo viele Menschen zusammenkommen – in Warenhäusern, Behörden, Schulen, Universitäten oder in Wartezimmern, am Arbeitsplatz, in Bussen und Bahnen –, wie in alten Zeiten die Luft mit Weihrauch säubern. Besonders nützlich wäre das im Herbst und im Winter, wenn viele Menschen erkältet sind.

In den eigenen vier Wänden ist die Ansteckungsgefahr am geringsten. Man wird hier nicht wie in der Öffentlichkeit ständig mit einer Vielzahl verschiedener Viren und Bakterien bombardiert, sondern gleichmäßig von einem Erregertyp, nämlich dem, der gerade ein Familienmitglied oder den Lebenspartner befallen hat. Man steckt sich zwar an, kann aber häufig sehr schnell eine Immunität entwickeln.

Weihräuchern

Nur wer den Weihrauchgeruch wirklich angenehm findet, sollte ihn als Raumluftverbesserer zu Hause in Betracht ziehen. Man legt zu diesem Zweck ein paar Harzbröckchen auf einen Weihrauchbrenner. Dort glimmen sie vor sich hin und verströmen den Duft, der schon vor Jahrtausenden unsere Vorfahren faszinierte.

Achten Sie beim Weihräuchern, wie auch bei Verwendung anderer Räuchermittel oder Aromaöle darauf, dass immer genügend Frischluft zugeführt wird.

Wenn Sie in kleinen, geschlossenen Räumen etwas verbrennen, verbraucht sich der Sauerstoff sehr schnell. Stellen Sie sich einfach einen luftigen ägyptischen Tempel oder eine Kirche vor: Irgendwo in einer Ecke wird etwas Weihrauch verbrannt, aber der restliche, riesige Innenraum ist mit Sauerstoff gefüllt. Dieses Mischungsverhältnis sollte ungefähr auch in Ihrem Wohnzimmer gegeben sein, während Sie dort Räucherwerk verbrennen.

Aromatherapie

Auch eine Aromatherapie mit ätherischem Weihrauchöl wird häufig empfohlen. Sie soll hustenstillende, schleimlösende und entzündungshemmende Eigenschaften haben – wie viele andere Hausmittel auch. Weihrauchöl nimmt auf dem Gebiet sicher keine Sonderstellung ein, aber man kann bei sachgemäßer Anwendung positive Effekte auf die Atemwege erwarten.

Auch für die Aromatherapie gilt: Unkritisches Herumwursteln mit biologisch aktiven Substanzen kann Ihrer Gesundheit schaden. Wer überzeugt ist, dass die Substanzen, die beim Verbrennen ätherischer Öle an die Raumluft abgegeben werden, tatsächlich eine Wirkung haben, sollte sorgfältig und sparsam damit umgehen. Eine übertriebene Duft- und Aromatherapie kann Allergien auslösen. Sobald Sie den Geruch eines Aromaöls als unangenehm empfinden oder es Ihre Atemwege reizt: Weg damit.

Wenn Sie einen Versuch mit Weihrauchöl machen möchten, sollten Sie ein paar Tropfen davon in die Schale einer Duftlampe geben. Unter der Schale wird ein Teelicht entzündet, damit sich das Öl erwärmt. Ist das Öl verdampft, sollte die Kerze sofort ausgeblasen werden, weil sonst die leere Schale sehr heiss wird und eventuelle Rückstände anbrennen und verkohlen. Löst das Weihrauchöl unangenehme Empfindungen oder Hustenreiz aus, müssen Sie den Versuch abbrechen.

Weniger ist mehr

Räumen Sie jedem Heilmittel einen festen Platz in Ihrem Leben ein. Stellen Sie eine Liste zusammen, welche Hausmittel gegen die gleiche Krankheit Sie kennen und anwenden. Führen Sie Buch darüber, was Ihnen geholfen hat und was nicht. Entscheiden Sie sich dann für ein Mittel gegen eine Krankheit. Konsumieren Sie nicht beliebig viele, scheinbar harmlose, „natürliche“ Substanzen. Auch sie können Nebenwirkungen haben und Ihrer Gesundheit schaden.

Weihrauch ist kein Spielzeug, genauso wenig wie andere wirksame Heilmittel. Sein wahrscheinlich wichtigster Wirkstoff, die Acetyl-11-keto-β-Boswelliasäure (AKBA), wird nach heutigem Erkenntnisstand einen festen Platz in der Therapie aller chronisch-entzündlichen Erkrankungen einnehmen. Für die Selbstbehandlung kommt AKBA nicht in Betracht.

Hausmittel dagegen sind eine unschätzbare Hilfe bei leichten Erkältungskrankheiten oder anderen Beschwerden, die man üblicherweise selbst behandelt. Oft erzielt man mit Hausmitteln einen milderen Verlauf und lindert auf sanfte Art und Weise akute Beschwerden.

Natürlich können Sie eine Mundspülung mit stark verdünntem Weihrauchöl machen, wenn Sie eine Zahnfleischentzündung haben, oder durch ein Dampfbad mit Weihrauchöl Ihre verstopfte Nase befreien.

Gegen schlecht heilende Wunden können Sie die antientzündlichen Wirkstoffe einer weihrauchhaltigen Salbe einsetzen. Fragen Sie Ihren Apotheker, ob er ein Rezept für eine solche Salbe kennt, sie für Sie anfertigt oder sogar auf Lager hat. Im Zweifelsfall gehören Sie mit einer solchen Wunde jedoch in die Sprechstunde Ihres Arztes.

Als Faustregel für einen vernünftigen Umgang mit Hausmitteln gilt: Wenn Sie gegen Erkältungskrankheiten wie Husten, Schnupfen, Halsweh und andere so genannte Bagatellerkrankungen Ihr Lieblingshausmittel gefunden haben und es mit Erfolg anwenden, bleiben Sie ihm treu, auch wenn dauernd etwas Neues propagiert wird.

Die jeweils für Sie besten Hausmittel zu finden und zusätzlich fundierte Kenntnisse über die Möglichkeiten und Grenzen der Selbstbehandlung zu erwerben ist sicher schwieriger, als einfach alles, was geschrieben steht, für bare Münze zu nehmen. Aber es ist viel besser, als nach jeder Fernsehsendung, nach jedem Zeitungsbericht oder nach jeder Buchveröffentlichung eine neue Hausapotheke zusammenzustellen.

Weihrauch als Arzneimittel, ein Fazit

Die im Weihrauchharz enthaltene Boswelliasäure ist nach dem heutigen Erkenntnisstand eine spezifisch wirksame und nahezu nebenwirkungsfreie Substanz für die Therapie chronischer Entzündungen.

Die Aussichten sind gut, dass es dem deutschen Bewerber um die Zulassung bald gelingt, ein entsprechendes Fertigarzneimittel auf den Markt zu bringen. Allein etwa zwei Millionen Patienten mit chronischer Polyarthritis und rund hunderttausend Patienten mit Morbus Crohn oder Colitis ulcerosa wären dankbare Abnehmer des neuen, alten pflanzlichen Heilmittels. Eine Therapie mit Weihrauch könnte jedoch auch für Patienten, die unter anderen Autoimmunerkrankungen leiden, hilfreich sein.

Die Ursachen all dieser Erkrankungen sind noch weitgehend unbekannt. Meist wird nur versucht, das Hauptproblem, die chronische Entzündung, medikamentös unter Kontrolle zu bringen. Die meisten Entzündungshemmer haben schwere Nebenwirkungen, der Weihrauch nicht. So hätte man mit Weihrauch die Möglichkeit, andere, nebenwirkungsreiche Entzündungshemmer zunächst zu reduzieren und eines Tages vielleicht ganz abzusetzen.

Patient und Arzt haben es bei den Autoimmunerkrankungen mit vielen offenen Fragen zu tun. Darum ist es für beide wichtig, alles Wissenswerte über die jeweilige Erkrankung in Erfahrung zu bringen und dieses Wissen möglichst auf dem neuesten Stand zu halten. Da wir in einer Informationsgesellschaft leben, wird der Zugang zu Informationen immer leichter. Die Kunst wird zunehmend darin bestehen, Informationen richtig zu verstehen, zu bewerten, zu filtern und das, was dann noch davon übrig bleibt, in Wissen umzuwandeln.

Wer sich mit seiner Krankheit befasst und sich bemüht, sie und sich selbst besser kennen zu lernen, erreicht in Zusammenarbeit mit seinem Arzt eine weitgehend individuell abgestimmte Behandlung und vergrößert so seine Heilungschancen.

Die meisten der mit diesem Buch angesprochenen Patienten leiden an ernsten Erkrankungen, die für die Selbstbehandlung tabu bleiben müssen.

Therapeutische Maßnahmen sollten immer mit dem behandelnden Arzt abgesprochen werden.

Zu wünschen bleibt, dass noch mehr Studien mit Weihrauch unter sachgerechten Bedingungen durchgeführt werden und es noch besser gelingt, eine optimale Wirkung durch die richtige Dosis, die beste Galenik und eine optimale Bioverfügbarkeit zu erreichen.

Bis es so weit ist, wird noch einige Zeit vergehen. Unter Berücksichtigung der in diesem Buch formulierten Vorsichtsmaßregeln kann jeder interessierte Patient eine ergänzende Therapie mit Weihrauch aber schon jetzt in Betracht ziehen.

Anhang

Dank

Ohne den fachkundigen Rat von Apothekerin Susanne Poth, Wiesbaden, und Apotheker Peter Hardy Kahr, Rengsdorf, hätte ich dieses Buch nicht schreiben können. Den letzten Schliff am Manuskript erteilte Almuth Heuner, Frankfurt am Main. Ihnen allen danke ich für die Aufmerksamkeit und die Zeit, die sie dem Inhalt dieser Seiten gewidmet haben.

Für die Untersuchung einiger Weihrauchproben und die zur Verfügung gestellten Testergebnisse danke ich Apothekerin Dr. Angelika Koch, Hamburg, die in Zusammenarbeit mit der Chemikerin Elke Hahn-Deinstrop, Eckenthal, ein erstes Verfahren zur gaschromatografischen Bestimmung von Weihrauchproben entwickelt hat und anwendet.

Literatur

Classen, M., Diehl, V., Kochsiek, K.:
Innere Medizin, München 1994

Heyn, B.:
Die sanfte Kraft der indischen Naturheilkunst, München, 1987

Höder, J., Bandick, J.:
Hilfe bei Rheuma, Niedernhausen 1997

Janeway, C. A., Travers, P.:
Immunologie, Heidelberg 1997

Martinez, D., Lohs, K., Janzen, J.:
Weihrauch und Myrrhe, Stuttgart 1988

Ollier, W., Symmons, D. P. M.:
Autoimmunität, Heidelberg 1995

Poth, S., Sauer, R.:
Gesund durch Ingwer, Niedernhausen 1998

Kasper, H.:
Ernährungsmedizin und Diätetik, München, 1996

Kramer, M. D.:
Immunologie und Immunpathologie, Stuttgart 1997

Lexikon Medizin, München 1997

Scheck, F. R.:
Die Weihrauchstraße, Bergisch Gladbach 1995

Stiftung Warentest:
Die andere Medizin, Berlin 1997

Veit, E.:
Das Ayurveda-Kochbuch, München 1997

Weil, A.:
Heilung und Selbstheilung, Weinheim 1988

Register